해돋이에서

글 · 김정훈

해넘이까지

CONTENTS

8   들어가며 - 해돋이에서 해넘이까지

1부 - 내 삶의 발자취

12   아이가 물에 떠내려가요
14   겨울나기 땔감 장만
16   아버지와 산꿩
18   소 팔러 가서 사기꾼을 만난 어머니
20   누에 치기(양잠) 가사일 돌봄
22   양계업 아르바이트
25   청춘나들이, 양봉생활
35   치산녹화 산지사방 사업
39   새벽 꿈길에서 듣다.
42   가족과 함께하는 제주도 여행
46   베트남 여행기(하노이, 닌빈, 하롱베이)
53   화담숲 기행
58   국화도 기행
64   제천시 투어 기행
70   사랑하는 동생을 하늘나라로 보내며
73   인생은 혼자가 아니랍니다.
75   변화를 통한 삶의 충전
77   술을 경계하는 몇가지 방법

79	나는 나에게 말하고 싶다.
82	골프에 입문하다. 골프채를 구입하며
85	골프기행(아리지CC를 가다)
88	개다래 충영주를 담그며
91	노란 은행잎 위를 걸으며
94	닮은 모습의 사람
97	정월 대보름날을 맞이하며
101	딸 결혼식 부모님 덕담

2부 - 나의 시

106	사랑받고 싶은 날
108	소쩍새
110	눈뜬 이른 아침의 환희
111	새벽안개
113	내 마음의 고향
114	행복맞이
115	진실
116	만남
117	이별
118	들꽃
120	눈꽃

121	정
123	고뇌
124	여울목
125	술잔속에 비추어진 나의 영상
126	공간의 삶
127	그리운 님
128	한없는 마음으로
129	일장춘몽
130	나의존재
131	삶
132	향수
134	바람부는 잎새의 사슬
136	님 오시는 강
137	고향(故鄕)
138	창공(蒼空)
139	대통령 표창장 동판 제막식
141	조국의 등대지기
142	남을 위해 산다는 것은
144	일곱 줄 사랑
145	피세정념(避世靜念)
146	알 것 같아요
147	너랑 나랑

148	희망
149	그리움
150	파수꾼
151	바람부는 날
152	아침이 오면
153	잃어버린 시간
154	삶의 굴레
155	내 마음의 정원
156	가고 싶은 길
157	삶의 물레방아
158	내 청춘 내 사랑
159	봄이 오는 길목에서
160	웃으며 삽시다
161	꿈길 사랑
162	그리운 사랑
163	애절한 사랑
164	함께 가는 길
165	국화도 사랑
166	남은 인생
167	가을 예찬
168	국립 경찰
169	월드의 향(香)

170	삶의 길목
171	메타세쿼이아 숲길
172	망원경(망원경찰)
173	동틀 무렵
174	망원정(희우정)
175	치안센터 지킴이
176	새벽을 여는 사람들
177	봄
178	백합 꽃길에서
179	나침반
180	새벽의 찬가
182	나의 삶 나의 노래
183	솔뫼성지
184	가을날에
185	해와 달과 별
186	해바라기 꽃 사진
187	야유회
189	**김정훈 작가 프로필**

들어가며

해돋이에서 해넘이까지
나의 삶을 글과 시로 펴내며

사람의 인생은 누구나 시작과 끝이 있다.

삶의 초년기인 유·소년 시절, 청년 시절을 거치면서 앞으로 어떻게 살아갈 것인가를 고민하게 된다. 중·장년기에 접어들면서 어떻게 살고 있는지를 조명한다.

인생의 노년기 종착역에 다가설수록 어떻게 인생을 살아왔는지 회유도 하고 반문도 하게 된다.

인생은 살아가는 동안 많은 것을 배우고 느끼게 해 준다.

세월의 흐름 속에서 한 번쯤은 누구나 다 느껴보고 생각하는 삶의 철학이 있다.

삶에는 정답은 없다. 또한 연습도 없다.

순간이 지나면 과거의 창에 갇히기도 한다.

그래서 주어진 삶에 어떻게 순응하며 살아왔느냐가 삶의 보람을 느끼게 하고 행복도 느끼게 해 준다.

인생은 새옹지마라 했다. 이처럼 파란만장한 아무도 알 수 없는 인생 여정 길에서 내가 살아오면서 경험하고 느꼈던 자그마한 소박한 삶의 이야기를 미천한 글작으로 몇 타래 풀어 본다.
  시가 아닌 시로, 글이 아닌 글로서 이 글을 접하는 모든 분들께서는 공감되지 않는 부분이 있다고 하여도 넓은 혜량으로 헤아려 주시기를 간절히 바란다.

2024. 12.
글쓴이 김정훈

1부
내 삶의 발자취

아이가 물에 떠내려가요

내가 세 살배기였을 때, 우리 집은 월운마을 안쪽 달운이 골 우측 발미깍음 산기슭에 집터를 잡고 흙벽돌로 집을 짓고 살았다. 얼마 전까지만 해도 남의 집에서 월세로 살다가 아버지가 손수 집을 지으신 것이다.

내 집 마련의 기쁨보다는 다른 사람 눈치 안 보고 산다는 것이 더욱 행복했던 건지도 모른다.

그곳에서 나의 둘째 동생이 태어났다.

아버지는 독자로 외롭게 살아오셔서 큰아들인 나를 동네 사람들에게 자랑하시려고 가끔 마을로 나를 업고 내려가시곤 하셨단다.

아버지는 비가 많이 내려 개천에 물이 불었는데 세 살배기인 나를 등에 업고 외나무다리를 이용하여 건너야 했다. 아버지는 여느 때와 마찬가지로 나를 업고 외나무다리를 이용해 개울물을 건너시다가 그만 발을 헛딛어서 나를 물에 빠뜨려서 개천에 떠내려가게 되었다.

한 20여 미터 아래에서는 영애라는 누나가 빨래를 하고 있다가 "사람 살려주세요." 하는 소리를 듣고 떠내려오는 나를 붙잡아 구해주셨다고 전해 들었다.

이제껏 감사하다는 말도 못 하고 한평생 살아와 죄책감도 크다. 만일 악연이었다면 이미 나는 저세상 사람인지도 모른다.

생명의 소중함을 일깨워 주신 하느님께 늘 감사하고, 미처 감사를 드리지 못했던 누나에게도 진심으로 감사하다는 말을 전하고 싶다.

겨울나기 뗄감 장만

국민학교 1학년 때의 일이다.

아버지는 우리 가족의 생계를 위해 돈을 버시려고 우리 마을에서 30여 킬로미터 떨어진 진안군 백운면 산골로 벌목작업을 가셨다. 어머니는 아버지가 안 계시는 동안 가사 공백을 메우기 위해 겨울을 지샐 뗄감 준비를 위해 산에 가야 했다.

이날 날씨는 잔뜩 흐렸지만 어머니는 어린 나를 의지하며 데리고 달운이골의 작은골 이라는 곳으로 나무를 하러 갔다.

이곳은 깊은 산골이라 사람 손이 잘 닿지 않은 곳이어서 크고 굵은 나무들이 무성하게 자라고 있었다. 뗄감 하기에 아주 적합한 곳이다.

작은골은 구전되는 이야기로는 옛날에 호랑이가 살았다는 전설이 있는 곳이라 성인 남자들도 긴장하며 드나드는 골짜기다.

정신없이 나무를 하기 시작하고 한 시간이 채 못 되었는데 먹구름이 산 너머에서 밀려오더니 칠흑같이 주변이 어두워졌다. 깊은 산중에서 엄마와 난 무서워서 낫을 버리고 줄행랑을 치며 산속을 뛰쳐나왔다.

다른 골짜기에서 나무를 하던 다른 어르신들도 무섭다고 모두 뛰쳐나오고 있었다.

지금은 겨울철 난방시설이 잘되어 있어서 큰 걱정을 안 하고도 살 수 있는 세상이 되었지만 그 시절 그때의 추억을 떠올려 보면서 하루하루 삶에 감사를 느낀다.

당시 힘들었을 부모님의 마음을 되새겨 보며…….

아버지와 산꿩

1970년대 초. 내가 국민학교 다닐 때의 일이다.

때는 늦가을 가을. 가축인 소에게 먹이로 쑤어 주기 위해 추수가 끝나고 난 볏짚을 땔감이나 작두에 썰어서 헛간에 가득 채워 놓았다. 그런데 배가 고파서 먹이를 찾아 날아들었는지 들어오기는 했으나 푸드덕 거리며 헛간에서 나오지 못하는 꿩을 발견하고 동생과 나는 꿩을 생포했다.

이 광경을 본 아버지께서는 "짐승이 집으로 날아들면 살려보내야 좋은 일이 생기지 잡아먹으면 흉한 일이 생긴다." 라고 하시면서 우리가 잡고 있던 꿩을 받아 산을 향해 날려 보내 주었다.

오래간만에 시원한 꿩고기 국물을 맛보나 했더니 수포로 돌아가고 말았다.

그런데 이게 어찌 된 일인가? 학교에서 돌아와 보니 아버지께서 꿩국을 끓여 놓았다고 하시면서 맛있게 먹으라고 하셨다. 궁금해서 어떻게 된 일이냐고 아버지께 물었다.

아버지는 다음과 같이 말씀해 주셨다.

오늘 오전에 우리 마을 뒷산 산수골이라는 곳에서 땔감을 한 지게 가득 해 가지고 내려오다 쉴 마당에 지게를 받쳐놓고 담배 한 까치 꺼내 피우며 앉아 있는데, 상처를 입고 퍼덕거리는 산꿩 한 마리가 매에게 쫓기면서 아버지 앞에 와서 죽었다 하였다. 산꿩을 쫓던 매는 먹이를 포기하고 날아가 버렸단다.

아버지께서는 지난번에 날려 보낸 꿩은 암꿩이었는데 오늘 아버지 앞에 매에 쫓겨 생을 마감한 꿩은 수꿩이라고 하였다. 아버지는 하늘을 보며 '이게 무슨 조화란 말인가.' 하며 나뭇짐에 꿩을 얹어 집으로 돌아왔다고 하시며 '지난번 꿩을 날려 보낸 대가로 하늘이 주셨나 보다' 하고 국을 끓여 놓았다고 하셨다. 사필귀정이라고 할까. 부메랑처럼 돌아온 산꿩 이야기를 하시며 아버지께서는 우리에게 말씀하셨다.

말 못 하는 짐승도 살려준 고마움에 보은을 하는데 하시며 사람은 살아서 좋은 일을 많이 해야 한다며 착하게 살아야 한다고 우리에게 말씀하셨다.

요즘같이 개인주의가 만연한 세상에서 남과 더불어 살아가는 우리 가슴 한 켠에 지나간 옛 추억의 교훈으로 자리매김하게 되었다.

소 팔러 가서 사기꾼을 만난 어머니

　가축의 힘을 빌려 농사일을 하던 옛날 시골에서는 소는 부의 원천이며 재산목록 1호였다. 그만큼 소를 많이 기르면 타인의 부러움을 사기도 했다.
　우리 집도 어렵사리 소를 한 마리 길렀는데 송아지를 낳아 어느 정도 자라자 소 코에 고삐를 뚫고 우시장에 내다 팔아야 했다. 그 돈으로 생활비를 써야 했기 때문이다.

　시골에 5일장이 열리던 진안 장날.
　어머니께서는 소를 몰고 20여 리 되는 길을 걸어 우시장에 도착했다. 소를 사겠다는 사람이 나타나서 150만 원을 받고 팔았다.
　받은 돈을 보자기에 싸고 집으로 오기 위해 길을 걷는데 앞에서 가던 어떤 아저씨가 땅에 떨어진 돈뭉치를 가리키며 어머니에게 아주머니 돈 아니냐고 말을 걸었다고 한다. 이에 어머니는 "제 돈은 여기 보따리에 있는데요." 하자, 주변을 둘러보니 다른 사람도 없고 아무도 본 사람이 없으니까 "주인 나타나면 찾아주고, 없으면 나누어 가집시다." 하였다고 한다.

  그런 연후에 그 아저씨는 자기도 소를 얼른 팔고 올테니 여기 앉아서 기다리라고 하면서 주운 돈뭉치를 어머니 돈과 함께 책 보에 싸서 어머니를 그곳에 앉아 있게 하였다.

  얼마의 시간이 지났는지 잠깐 잠이 든 기분에 돈이 제대로 있는지 깔고 앉았던 책 보를 만져보았다. 딱딱한 게 이상하여 책 보를 열어보니 하이타이 두 봉지만 놓여 있었다. 그제야 사기당한 것을 알고 놀라서 경찰에 신고했다.
  사기꾼들은 떨어진 돈 봉투 속에 흡입용 마취제를 넣어서 어머니를 마취시킨 것이다. 마취되어 있을 때 돈을 꺼내가고 하이타이를 넣어 책 보를 싸고 다시 어머니를 그 위에 앉혀 놓았던 것이다.

  동종 전과자를 상대로 형사들의 도움을 받아 범인이 검거되어 간신히 돈을 찾아 늦은 밤중에야 집에 돌아오신 어머니는 내 것이 아닌 남의 것을 탐한 죗값을 치르고 온몸이 녹초가 되어 왔지만 발걸음만큼은 하늘을 날 듯한 기분이었다고 한다.

누에 치기(양잠) 가사일 돌봄

내가 중학교 다닐 무렵, 우리 집은 농사지을 땅이 없었다. 그리 넉넉한 형편이 아니여서 생계유지 수단으로 봄과 가을 두 차례에 걸쳐 양잠(누에 치기)을 하며 살았다.

누에 치기가 주 생계수단이다 보니 묵정밭을 일구었다. 그곳에 뽕나무 묘목을 심고 가꾸었다. 그곳에서 생산되는 뽕을 따서 누에 치기를 하곤 했다. 아직 뽕나무가 어려서 생산량이 적었다. 뽕을 따러 새벽 일찍 일어나서 리어카를 끌고 10여 리쯤 떨어진 추동 골짜기까지 가서 뽕을 따다 놓고 학교를 가야 했다. 시간이 늦으면 아침도 거른 채 학교에 등교하곤 했다.

행여라도 학교에 늦은 날에는 나의 고충을 잘 모르시는 담임선생님께서는 게을러 늦잠 자고 늦게 오는 줄 알고 꾸중하시곤 했다.

나는 억울하긴 했지만 부모님이 선생님에게 꾸지람 받은 내용을 아시면 마음 아파하실 것 같아 변명하지 않고 그냥

체념한 채 운명 아닌 운명으로 받아들이며 밀려오는 분노를 삼켰다.

　이러한 유년 시절의 헝그리 정신은 훗날 내가 성인으로 성장하는 동안 커다란 정신적인 힘이 되었다. 부지런함과 근면한 생활태도는 나의 재산이 되었고, 모범적인 삶을 살아가는 초석으로 자리매김 되었다.

양계업 아르바이트

 1년간의 양봉 생활을 마치고, 한국 방송통신대학 초등교육학과에 원서를 제출하였다. 그리고 한 달여 동안 집안일을 거들다보니 합격 통지서가 날아왔다.
 좋았던 기분도 잠시, 농사일도 많지 않은데 집에서 농사일만 한다는 것이 답답하고 막막했다.
 그래서 서울에 거주하는 누나에게 인사도 할 겸, 일자리도 알아볼 겸, 겸사겸사 서울로 상경했다. 누나는 서울 강동구 천호 3동 굽은 다리 부근에 사셨다.
 일자리를 구하러 이곳저곳 다녔지만 갈만한 곳이 없었다. 직업 안내소를 찾아가서 일하면서 공부할 수 있는 자리를 하나 소개해 주시면 고맙겠다고 말씀드렸더니 마땅한 자리가 없다며 양계장을 소개해 주셨다.
 신상명세서와 이력서를 작성하고 잠시 기다리고 있으니까 60대 정도 되시는 사장님 한 분이 오셨다. 선봉수 사장님이셨다. 내 이력서를 검토하며 힘든 일인데 할 수 있겠냐고 물으시기에 한번 해보겠다고 하자 직업 안내소 소장에게 대화하며 소개료를 주는 것 같았다.

그 뒤로 나는 작은 보수지만 일할 수 있다는 생각으로 사장님과 1톤 반 봉고 트럭에 몸을 실었다. 천호동에서 경부고속도로를 이용해서 수원 IC 경유하고 동부고속도로를 타고 오천 IC를 경유해서 목적지인 경기도 용인군 외사면 가창리 양계농장에 도착했다.

그곳에는 식당 아주머니 한 분, 미혼의 배성각(30대 중반, 남), 김중락(아영 아빠) 부부 4명이서 나를 반갑게 맞이하여 주셨다. 힘들지만 열심히 도와가며 식구처럼 일하자고 해서 알겠다고 하고 조그마한 방 한 칸을 숙소로 내주시어 봇짐을 풀었다.

이곳에서의 생활은 다람쥐 쳇바퀴 돌 듯이 24시간이 빠르게 지나갔다.

새벽 4시에 기상하여 방송강의를 듣고, 5시에 양계 막사에 가서 새벽, 오후, 저녁 세 차례 물과 모이를 주었다. 조식 후 계란판이용 달걀을 걷어 와서 오전에 계란을 특, 대, 중, 소란으로 선별작업을 마쳤다. 오후에는 계분 정리 작업을 하고 한 달에 한 번씩 8톤 트럭으로 들어오는 사료포대를 창고에 날라 저장하는 작업을 하였다.

모진 생활이었지만 참고 견디었다.

8월이 되자 방송통신대학교 하계 출석수업이 있어서 전주 교대에 일주일간 출강하였다.

처음 보는 학우들과도 인사도 나누고 정감을 나누었다.

이후, 가을이 되자 주민등록증을 발급받으라는 연락이 와서 귀향하게 되었다.

막차가 끊겨서 택시를 타고 곰티재를 넘으려 했지만 눈이 너무 많이 쌓여서 넘어 갈 수 없었다. 다시 전주로 와서 숙박업소에서 하룻밤을 지새우고 다음 날 마령에 도착했다.

면사무소에서 주민등록증을 발급받고 집에 오니 어머니께서 힘든 일 하지 말고 군산 작은아버지에게 일자리를 부탁했으니 양계장에 가지 말라고 하셨다. 그러겠다고 인사하고 마무리하고 오겠다고 하고, 용인에 가서 사장님께 사정을 말씀드리고 인사하고 귀향했다.

작은아버지께서 소개해 주신 곳은 군산 세대제지 회사였는데 외부 청소용역이었다. 어렵게 알선해 주신 일자리는 감사했지만 내가 일할 곳이 아니라고 판단하여 집으로 돌아왔다.

청춘 나들이, 양봉 생활

 1981년 2월. 고등학교를 졸업하고 대학 진학이 어렵게 된 후, 정서적으로 마음이 심란한 시기에 부모님을 통해서 이종 누나와 매형이 바람이나 쏘이러 양봉 생활을 하러 제주도로 떠나자는 제안을 했다. 1년간의 고용, 노임 조건으로 40만 원이었다.
 가정 형편이 어려웠고, 마땅히 일 할 곳도 찾지 못하고 있던 차에 부모님의 뜻을 들어 흔쾌히 승낙하였다. 부모님의 둥지를 떠나 객지 사회생활의 첫 출발이었다.

 이른 봄 3월. 옷 몇 가지를 가방에 챙겨들고 전북 진안군 성수면 좌산리 가수마을에 도착했다.
 월동 중인 벌통을 정비하고 이동 준비를 했다. 4.5톤 복사 화물차에 벌통을 실어 제주도로 가기 위해 목포항으로 출발하였다. 목포항에 도착하니 오후 4시 정도 되었다.
 제주행 배 편은 가야호, 안성호, 카훼리호가 출항하고 있었다. 우리 일행은 가격이 저렴한 가야호로 떠나기로 결정하였다. 19시 30분 배였기에 매표소에서 승선 수속을 마치고 짐을 실은 화물차를 선적한 후 승선하였다.

  배는 추자도를 경유해서 밤새 어둠을 헤치고 항해하여 제주항에 새벽녘에 도착했다.

  선적한 화물차를 배에서 내려 밖으로 나오자 우리 일행은 차에 탑승하여 북제주군 조천, 함덕, 김녕을 거쳐 목적지인 구좌읍 하덕천리에 도착했다.

  미리 빌려놓은 유채 밭 가 잔디에 벌통을 내려놓고, 보온 시설을 설치한 뒤 숙소인 천막 텐트를 설치하였다. 바람이 많이 불어서 끈을 단단히 매고 날아가지 않도록 텐트 말목 부근에 돌을 쌓아두었다.

  이곳에서 2개월가량 살아야 할 운명이었다.

  제주도는 식수가 귀하기 때문에 식수를 얻기 위해 하덕천리 마을의 허양률씨 댁 샘물에서 1km 남짓 떨어진 곳에서 매일 물을 물통으로 2통 이상씩 받아와서 식수로 활용하며 생활했다.

  4월이 되니 동백꽃과 함께 벌들이 활동을 시작했다. 유채꽃 꽃망울이 하나 둘 노랗게 피어나니 벌들은 유채꽃에서 꿀을 가져와서 벌통에 저장하였다.

  꿀이 어느 정도 모여서 꿀을 채밀하기 위해 철재로 된 큰 빈 통을 불에 구워 안에 있는 이물질을 태운 후 깨끗이 세척하였다. 꿀을 담을 준비를 마친 후, 채밀기를 이용하여 1

주 간격으로 3회 정도 꿀을 채밀하였다.

유채 열매는 식용유의 원료이기 때문에 유지 성분상 꿀을 따서 오래 두면 하얗게 결정이 되곤 하는데 꿀을 찾는 고객들은 가짜 설탕 꿀이라고 오해하기도 한다.

꿀을 따서 철재통 3개에 가득 담았다. 시가는 잘 모르겠으나 평년 작황은 된것같은 분위기였다.

5월 초가 되자 매형은 다음 아카시아꽃 밀원지를 알아보기 위해 육지로 나갔다. 누나와 나는 제주에 남아서 벌통을 지키며 다음에 사용할 빈 철재통 굽는 작업을 5개 정도 마쳤다.

육지를 다녀온 매형이 알아보고 돌아온 1차 아카시아 밀원지는 경북 고령군 고령 고분 옆 공터였다. 지형상으로는 대구로 가는 국도변 길목이다. 조금 더 가면 금산재 재를 넘어 다리를 건너면 경북 의성군과 성주군으로 가는 갈림길이 나오는 곳이다.

제주에서의 생활을 마치고, 짐을 정리하여 화물차 2대에 나누어 싣고 제주항으로 출발했다. 목포행 카훼리호에 선적하여 목포항에 도착 다음 목적지를 향해 출발을 재촉했다.

시간이 지체되면 벌들이 더위에 못 이겨 죽기 때문이다. 사람이나 생물들은 썩지 않기 위해 살아있는 동안 소금을 섭취한다. 곤충도 마찬가지이다.

야간 이동 운행시간 중 전남 곡성 검문소에 이르니 야간 통행 검문을 받게 되었다. 화물차에 실은 물건이 송장 내용과 맞는지 검문하는 것 같았다. 송장을 보여 달라고 해서 보여주었다. 별다른 내용이 없어서 통과되었다.

원래 생물을 실은 차량은 장시간 검문을 할 수 없다. 오랫동안 지체되면 밀봉되어 배 타고 온 벌들이 더워서 죽기 때문이다.

한밤중에 1차 목적지에 도착했다. 벌통을 하역하여 정비하고 아침을 맞이하였다. 영롱한 햇살과 함께 진한 아카시아꽃향기는 코끝을 자극하며 도취에 빠지게 했다.

아침 한나절 전라도와 경상도를 연결하는 육십령재를 넘어 국도를 따라 대구를 오가는 전북 여객 직행버스를 보았는데 고향에 대한 그리운 향수가 가득했다. 불과 2~3개월밖에 되지 않았는데도 말이다.

그리움에 젖은 감성의 시간도 잠시뿐, 한 이틀이 지났을까, 고령읍에서 2km쯤 떨어진 곳에서 양봉업을 하는 아주머니 한 분이 찾아와서 빨리 이곳을 떠나라고 하였다.

꿀벌은 원래 반경 2km, 도합 4km를 오가며 활동하기 때문에 자기네 밀원을 침입하면 손해를 본다는 말이었다.

알았다고 하면서 버텨 보았으나 끝내 아주머니는 농약 통에 농약을 짊어지고 와서 빨리 떠나지 않으면 벌을 다 죽여 버리겠다고 으름장을 놓았다. 싸우기는 싫어서, 할 수 없이 다음 날 이동하기로 약속하고 타협을 보고 마무리했다.

지천에 피어있는 꽃도 소유가 있다는 사실에 놀라움을 금치 못했다. 아주머니가 가고 난 뒤, 임기 응변으로 가까스로 채밀기를 돌려서 눈물 젖은 2통의 아카시아 꿀을 어렵사리 채취하고 다음 행선지로 유랑에 나섰다.

꽃을 찾아서 정처 없는 유랑 길에 나섰다. 다음 장소를 미리 예약하지 못해서 길을 가다가 먼 산에 아카시아꽃이 보이면 잠시 멈춰 주변을 둘러보고 이동하기를 반복했다.

그런데 때마침, 점촌, 예천 비행장 쪽으로 이동하다가 경북 상주군 사벌면에 이르러 먼 산의 아카시아꽃 군락지가 포착되어서 우리 일행은 사벌면 엄암리 농로 뚝 길에 벌통을 정비하였다.

그곳에서 일주일간 머물렀다. 벌통 수가 늘어서 제주에서 나올 때 2개 조로 나눠져서 나왔다. 그래서 나는 나와 함께 일할 서광석이라는 손아래 동생과 함께하고, 매형은 양봉 기술자 황태연 씨와 같이 편성되어 움직였다.

며칠이 지나자 5월의 맑은 하늘에 때아닌 먹구름이 몰려왔다. 비가 오면 벌들이 활동하지 않고 저장했던 꿀을 다시 파먹기 때문에 꿀을 채밀해야 했다.

그때 마침, 일요일이어서 농로 둑방을 놀러 나온 서라벌 고교생들이 도와준다고 자청해서 벌 망을 주고 함께 60여

통의 꿀을 땄다.

　일주일간의 꿀벌의 활동으로 향기 좋고 품질 좋은 아카시아 꿀 대형 2통을 채밀했다. 아카시아 꿀은 향기가 좋고 부드럽기에 가격도 많이 받을 수 있는 짭짤한 수입원이다. 도와준 학생들에게 꿀 한 병씩을 선물하고 돌려보냈다.

　벌통 정리를 모두 마칠 무렵, 매형이 걱정하며 기술자 아저씨와 함께 우리 쪽으로 꿀을 채밀하러 오셨다. 우리가 미리 채밀해놓은 벌꿀을 보더니 놀라워하며 너희가 어떻게 이 힘든 일을 했냐며 대단하다고 하시면서 극찬해 주셨다. 기분이 무척 좋았다. 나도 잘할 수 있다는 희망이었는지도 모른다.

　벌들에게 먹이를 주고 다시 재정비하였다. 다음 밀원지인 강원도 철원군 문예리 비무장지대에 인접해 있는 군부대 옆 공터에 군부대 허가를 받은 후, 짐을 하역하고 둥지를 틀었다.

　우리가 채밀한 꿀의 판로는 변산 양봉원을 통해 소비자에게 전달되고 꿀 꽈배기 과자공장 등에 주로 납품 되었다.

　벌꿀의 주성분은 포도당과 과당으로 70% 이상이다. 양자의 비율은 과당 쪽이 약간 많은 것이 일반적이며, 기타 각종의 당류를 함유하고 있고, 자당은 보통 5% 이하에서 1~2%, 말토스는 2% 전후, 기타 여러 가지 올리고당을 함유하고 있다. 그 이외에도 단백질, 아미노산, 효소, 유기산,

무기성분, 화분 및 그 밖의 성분을 함유하고 있다. 포도당과 과당을 주성분으로 한 벌꿀은 체내 장벽에 직접 흡수되어 글리코겐이 된 후에 간에 저장된다.

한국양봉협회의 벌꿀 합격기준은 수분 20.0% 이하, 물 0.5% 이하, 산도 40.0meo/kg 이하, 전화당 60% 이상, 자당 7.0% 이하, 당비율 과당/포도당 1.57 이상 등 적합 판정을 받으면 유효한 벌꿀로 소비자에게 유통되고 있다.

6월이 되자 우리 일행은 밤꽃 꿀을 채밀하기 위해 고향인 전북 진안으로 다시 귀향하여 2개월가량 우기를 보냈다.

밤꽃 꿀은 채밀하기가 무척 힘들었다. 밤꽃은 꽃샘이 작기 때문에 벌들이 예민해져서 벌에게 한방 쏘이면 아프기도 하지만 엄청나게 붓기도 한다. 한방 쏘이고 나면 머리가 띵하고 지끈지끈해서 정말 일할 맛이 안 난다.

진한 갈색을 띤 밤꽃 꿀은 힘들게 얻는 만큼 기관지에 좋은 약용으로도 안성맞춤이다. 맛은 씁쓰름 하다.

아픔도 잠시, 7월의 장마와 우기가 지나고 8월이 오자 싸리꽃꿀을 채밀하러 다음 행선지로 떠났다.

우리가 간 곳은 경남 함양군 서하면에 위치한 백전면을 넘어가는 전시 군작전 비상도로인 중산간 기슭에 둥지를 틀었다.

이 고을은 마을에 서너 가구가 살고 있는 외지이다. 주로 고랭지 채소 무, 배추를 경작 출하하고, 고추, 들깨, 마늘 등 밭작물을 재배하며 살아가는 화전민 비슷한 마을이다.

주변 환경은 맹독류 독사가 우글거리고 산에는 더덕, 오미자, 머루, 다래 등 야생 약초와 과일이 지천에 널려있는 곳이다. 덕분에 오미자도 두서너 마대를 채취할 수 있었다.

우리는 이곳에서 독사의 침입을 막기 위해서 백반을 양말에 넣어서 발목을 두르고, 숙소 텐트 주변에 담배를 뿌려놓고, 복숭아 잎사귀를 따서 숙소 주변에 둘렀다.

뱀의 피해 없이 무사히 지낼 수 있었던 제대로 된 처방이었던 것 같다.

싸리꽃 망울이 하나 둘 빨갛게 올라올 무렵, 어느날 마을 아주머니 한 분이 오셨다. 벌쟁이 양반 도움을 받으러 왔다고 하면서 말벌집이 고추밭 가운데에 있어서 고추를 딸 수 없다고 말벌집을 없애달라는 말이었다.

말벌은 꿀벌에게도 치명타를 입힌다. 말벌 한 마리가 꿀벌 1통을 초토화 시키는 것은 시간문제이기 때문이다. 아무튼 말벌집이 우리 벌통 주변에 있다는 것은 우리에게도 반갑지 않은 불청객이다.

아주머니와 함께 현장을 답사하였다. 위치를 확인한 후 내일 새벽에 없애드리겠다고 흔쾌히 승낙하고 휘발유 조금과 벌 망, 훈연기를 준비해 놓고 다음날 새벽을 기다렸다.

동틀 무렵 그곳에 다가가니 새벽이슬이 풀잎에 촉촉이 젖어있어 말벌들이 날갯짓 하기는 어렵겠다고 생각하고 말벌집에 미리 준비해 간 휘발유를 붓고 라이터를 켜는 순간 하늘이 무너지지는 듯한 청천벽력 같은 전율에 숨을 멎은 채 그 자리에 쓰러졌다.

그 이유는 미리 밖으로 나와 비행하며 말 벌집을 지키던 말벌 초병이 벌집에 불이 붙자 반사적으로 불을 붙였던 나의 등짝에 사정없이 돌진하여 침을 쏘았던 것이다.

말벌집은 불에 타서 없어졌지만 쓰러져 신음하던 나를 벌집을 확인하러 온 아주머니께서 부축하여 벌통 텐트로 데려다주셨다. 그리고 집에 내려가셔서 된장 한 종자기를 가져오셔서 벌침을 빼고 나의 등에 된장을 발라주셨다.

아주머니는 자기 때문에 일어난 일이라며 미안해하며 어찌할 바를 몰라 하셨다. "괜찮아요. 세월가면 다 낫는 것이니 염려 마세요"라고 안심 시켜드린 후 마을로 내려 보내드렸다. 그래도 미안했는지 아주머니께서는 열무김치 반찬을 담가서 가져다 주셨다. 맛있게 감사하게 잘 먹었다.

아주머니 위로 속에 세월이 가다 보니 부기도 가라앉고 모두 정상적인 일상으로 돌아왔다.

싸리꽃 꿀을 채밀하기 위해 채밀기를 힘껏 돌렸다.

그러나 이게 어찌 된 일인가? 이상하게도 붉은 싸리꽃꿀이 나와야 하는데 진한 녹색 꿀이 채밀되었다. 혹시 꿀에 이상이 있는 것은 아닌가 하고 걱정되어서 거래처 양봉원과 전문가에게 여쭈어보니 자귀나무 꿀로 확인되어 고가의 수익이 났다.

이곳에서의 생활을 마치고 짐을 정리하여 10월이 되자 잡꽃 꿀을 채밀하러 전북 진안군 성수면 중길리 만덕산 자락에 둥지를 틀었다.

도착하니 그곳에는 들깨 꽃이 만발했다. 만추의 서정을 수놓은 야생화 천국이었다.

마지막 꿀을 채밀하고 벌을 월동시키기 위해 충분한 먹이를 공급하고 11월 약속의 땅, 출발지인 진안군 성수면 좌산리 가수마을로 돌아왔다. 벼를 수확하고 난 볏짚을 엮어 나래를 만들고 월동작업을 준비했다.

벌통 월동작업을 모두 마친 후, 시골 진안 마령 월운리 나의 집으로 귀향했다.

고생 많았다며 안아주시는 어머니에게 건강하게 낳아주셔서 무탈하게 잘 지냈다고 인사하고, 아버지께 문안 인사드리고, 동생들에게 같이 있어주지 못한 미안함을 표현하였다.

며칠간 집에서 쉬면서 앞으로 나아갈 내가 가야 할 길을 고민해 보면서 방황의 한 해를 마무리했다.

치산녹화 산지사방 사업

　군산에서 돌아와서 겨울에 땔감용 나무를 하며 야학을 이어갔다.
　3월 초가 되자 민둥산을 치산녹화하기 위해서 황폐해진 산의 부토를 긁어 내고, 단을 내고, 수로를 내고, 잔디떼를 입히고, 축대를 쌓고, 단위에 억새를 심고, 풀씨를 뿌리고, 오리나무, 리기다소나무, 아카시아나무 등 묘목을 심어서 숲으로 만드는 산지사방이 한창이었다.

　몇 년 전에 우리 마을에서 사업 경험이 있는 전주 치산사업소 영림수 공무원인 김문녕 아저씨가 우리 마을에 오셨다. 농사일을 시작하기 전인 비수기에 일 할 인부들을 수급하고자 사업 참가 경험이 있는 우리 마을에서 사람을 찾았다.

　때마침 집에서 야학을 하고 집안일을 보고 있는 나에게 사무보조원을 맡아달라고 해서 승낙하였다.
　그 후, 짐을 꾸려 전북 무주군 부남면 대소리 면 소지에 있는 산간 오지 마을에 도착했다. 지형상 금강 상류지역이다. 충남 금산과 경계지점으로 벼농사 일부와 인삼농사가 주를 이루고 있는 곳이다.

마을에 도착해서 식사와 숙박 장소를 김종태 산림 계장님 댁으로 정했다. 내가 할 일은 전체적인 산지사방 계획서를 공정별로 막대그래프로 그려서 표를 만들어 체크하는 것과 매일매일 작업 일지를 쓰며 작업하기 전에 인부들이 다치지 않도록 안전교육을 하고 참석자 체크, 노임 수령 후 지급하는 것 등 이었다. 저녁에는 방송대 강의를 들으며 야학도 병행했다. 일석이조의 생활이었다.

사람들은 일당으로 하는 일에 땀나면 안 된다며 자기 일처럼 열심히 하지는 않았다. 일당받는 일꾼의 근성인가 보다. 작업공정을 위해 하루 공정을 미리 알려주고 오늘은 이만큼만 하면 작업을 마친다고 하면, 죽을 둥 살 둥 단시간에 일을 마치고 자기 집 일을 하러 가는 모습을 볼 때면 사람이 참 간사한 마음도 있구나 하는 생각도 해보았다.

나는 일이 일찍 끝나는 날에는 어려서부터 다리가 불편해서 집에 혼자 있는 김강수라는 형과 대나무 낚싯대로 피라미를 낚으러 시냇가에 나갔다.

그곳은 금강 상류지역으로 청정지역이기 때문에 1급수 냇물이 흐르고 1급수 어종 고기들이 즐비하였다. 민물회를 먹으면 간디스토마 걸린다는 생각 같은 것은 하지도 못한 시

대였던 것 같다.

갓 낚은 펄쩍펄쩍 뛰는 피라미를 초간장에 찍어 소주 한 잔에 목을 적셨다. 하루의 피로를 잊는 힐링이었다.

일을 하고 일주일째가 되면 우체국에서 돈을 찾아와서 저녁식사를 하고, 인부들에게 일 한 날짜만큼의 노임을 도장을 받고 지급했다. 내 돈을 주는 것은 아니지만 돈을 받고 기뻐하시는 아저씨 아주머니들의 모습을 볼 때는 나의 기분도 좋았고 사람 사는 맛을 느낄 수 있었다.

모처럼의 간조 날이라고 산림 계장님과 마을 주민들이 돈을 모아 돼지 한 마리를 잡아서 막걸리 파티를 했다. 우리 사무소 일행도 찬조금을 내고 함께 어우러져 즐겼다. 빨리 안전하게 사업을 잘 마칠 수 있도록 협조를 부탁하고 마을의 발전을 기원한다는 말과 함께 축배를 들었다.

대소리에서 일을 마치고, 인접 마을 황평리 산림 계장 황익주씨 댁에도 잠시 머물렀다. 도소 마을 산림 계장 유종성씨의 도움도 받았고, 굴암리 산림 계장님 댁 김창수 어머니 백일년 어머니의 도움도 많이 받았다. 모두가 고마운 분들이시다.

무주 부남 사업이 4개월이 지나자 1차 사업을 종료하고, 하계에는 어린 묘목 비료 주기, 하자 보수 등 잔일을 하며 관리하였다.

6월 말에는 사업장 준공검사를 받았다. 그래도 20여 개 되는 사업장 중에서 상위권의 실적을 거두었다며 소장님께서는 기뻐하셨다. 내년을 기약하고 우리 일행은 잠시 헤어졌다.

다음 해 2월 봄이 오자 우리 일행은 다른 사업장을 배정받았다. 이번에는 어머니께서도 일하시는 기술자, 기술감독 등 일반 인부들의 식사 제공을 하기로 약정하고, 어머니와 나는 사업 팀과 함께 전북 진안군 용담면 와룡리 고무동 강양우씨 댁에 숙소를 정하고 일을 하였다. 어머님이 맡은 식사 일, 장보기 등을 돕고 서무 보조 일을 하며 일을 마쳐 갈 무렵, 군대에서 입영 영장이 나왔다.

군대에 간다는 말을 하려고 경기 안산으로 향했다. 몇몇 친구들과 석별의 정을 나누고, 나의 대학 동료의 얼굴도 보고 싶었다.

어렵게 경비실에서 면회가 되었지만 밖으로 나갈 수가 없다고 해서 그곳에서 군대 간다고 하니까 나의 대학 동료는 보리나 많이 갈아놓고 부모님 많이 도와주고 가라고 하였다.

식구가 많다는 말은 평상시 대화중에 자주 했던 터라 그런 말을 했나 보다 라고 생각하며 발길을 돌려 귀향했다. 머리를 삭발하고 11월 7일 전주역에서 102보충대 춘천행 입영 열차에 몸을 실었다.

새벽 꿈길에서 듣다

2009년 12월 11일 밤 저녁. 꿈속에 어느 성인이 나타나 다음과 같은 말씀을 하시고 떠나셨다.
선몽이었다. 하시고 간 말씀은 아래 내용이다.

> "살아서는 너 자신을 위해 사는 일이 많지만, 죽어서는 남과 더불어 살 것이고, 남을 구하는 일이 많을 것이다."

인간은 세상을 살아가면서 여러 가지 살아가는 방법이 모두 다르겠지만 모름지기 '이기적인 사람은 자기 자신만을 위하여 살고, 평범한 사람은 남과 더불어 살며, 현명한 사람은 남을 위하여 산다'라는 말이 있다.

나는 어떤 유형의 사람으로 살아가고 있는지 나 자신에게 되묻고 싶은 질문이다. 정확히는 알 수 없으나 현명한 사람으로 지혜롭게 살아가는 것이 좋겠다는 생각이 든다. 그렇다고 나의 생을 살신성인하라는 메시지는 아닐 것이다.

어릴 적에는 근근이 보리밥으로 연명하던 시절이 있었다. 자식를 많이 둔 아버지께서는 가족을 부양하기 위해 몸을 아끼지 않으시고 일하러 나가서서 밤늦게까지 일을 하시고 집에 들어오곤 하셨다.

어머니께서는 가족을 위해 이렇게 힘든 일을 하시는 아버지에게 조금이나마 힘을 보태주실 요량으로 보리밥이 끓여질 때 한쪽에 섞이지 않게 쌀 한 줌을 얹어 아버지께 밥상을 차려 드리곤 하셨다.

어느 해 늦가을쯤에 아버지께서는 추위에 떨고 있는 길가는 걸인 한 명을 데리고 집으로 데리고 오시더니 밥을 차려 주라고 하셨다. 그러자 어머니께서는 그 걸인에게 따로 상을 차려 주었는데, 아버지께서는 밥상을 바꾸어 드셨다. 쌀 한 줌을 얹어 놓은 밥을 걸인에게 먹인 것이다. 어머니는 놀라며 아버지께 왜 그러느냐고 핀잔을 주셨다. "밖에서 돌아다니는 사람이 무슨 병에 걸려있을지도 모르는데……." 하시며 어머니께서는 염려가 되어서 그런 것 같다.

아버지는 "사람은 차별하는 게 아니야."라고 하시면서 집에서 하룻밤 묵고 가도록 배려해 주셨다. 그때 우리는 그 아저씨를 두부점동이라고 불렀다.

그 후, 아버지께서 작고하시고 30여 년 세월이 흘렀는데

2021년 5월에 시골 우리 집 근처를 얼씬거리며 옛날에 살던 아버지를 찾아왔다는 사람이 있었다. 어머니는 대충 짐작하고 그때 그 걸인 두부점동이라는 것을 직감하고 어떻게 오셨냐고 묻자, 오랜 옛날이지만 그때 너무 고마워서 늦었지만 인사차 방문하였다고 한다.

그때 어머니께서는 고추 모종을 혼자서 힘들게 심고 계셨는데 그분이 도와주셨다. 막걸리 술 한 잔을 마시고 고맙다는 인사를 건넨 후 가셨다고 한다.

많은 것을 느끼게 해주는 사연이다.

지금껏 지내온 세월도 소중하지만 앞으로 남은 인생에 대해 생각하는 상념의 시간이었다. 생과 사를 넘나드는 주변 사람들의 모습에서 무엇이 진정한 삶인지 되새겨 본다.

매년 연말이 다가오면 기분이 묘하다. 한 해에 대한 아쉬움 반, 기대 반의 만감이 교차한다.

지난 한 해를 회상하며……

가족과 함께하는 제주도 여행

    일과 휴식의 병행은 삶을 지치지 않고 아름답고 즐겁게 살아가게 해 주는 조화로운 삶의 지혜가 묻어난다고 할 수 있다. 여행은 지친 삶의 활력소가 되는 엔도르핀을 가득 채워 준다.

    지금껏 살아오면서 변변치 않은 여행 한번 다녀온 적이 없는 우리 가족이었다. 삶에 찌들어 살다 보니 어렵사리 남들 흉내 내며 살아가는 바쁜 현실에서 모처럼의 기회가 찾아왔다.

    교보생명에 매달 불입했던 금액이 만기가 되어 여행자금과 연금 1회분 도합 360만 원을 지급된다고 한다. 어려운 형편 속에서도 20여 년간 연금적금을 들어놓은 것이 열매로 맺히는 순간이었다.

    이번 기회에 해외는 어렵지만 국내의 제주도로 여행을 가자고 제안하는 집사람의 권유에 흔쾌히 승낙하고 계획을 추진하게 되었다.

처갓집에서 장녀인 집사람은 장인 어르신과 장모님이 작고하신 후에 집안에 대들보로서 가족들의 걱정과 염려에 항상 마음 졸이는 모습을 보면서도 함께하지 못했던 시간들이 못내 아쉬웠는데, 우리 가족과 함께 큰처남 내외와 조카, 둘째 처남 내외와 함께 8명이 제주도로 여행하기로 했다.

야간근무를 마치고 바로 출발하여 다소 피곤하기도 하였지만, 가족과 함께 여행을 할 수 있다는 행복감에 즐거운 마음으로 여행길에 올랐다.

2019년 5월 18일 제주행 10시 40분. 아시아나 항공 비행기에 탑승하여 제주공항에 도착하니, 강풍과 함께 비가 내리고 있었다.
스타렉스 봉고차량을 랜트하고 점심 식사 장소로 애월항 근처에 있는 어촌계장 회 센터에서 황돔과 광어로 회를 시켜 놓고 점심 식사를 맛있게 먹었다. 식사를 마친 후, 제주시 근처에 있는 용두암에서 잠시 풍광을 즐기고 숙소가 있는 성산일출봉 근처로 이동하였다.

그곳에는 많은 비가 내리고 있었다. 원래 계획은 리조트에서 바비큐를 먹을 생각이었는데, 우천 관계로 취소하고 저녁식사를 마치고 숙소로 가기로 했다. 리조트 회장 내외

분(서정보, 김광자)이 추천해 주신 성산읍에 있는 흑돼지 복돼지 식당에서 회장님 내외분을 초대하여 맛있게 먹고, 숙소인 고투 리조트에서 여장을 풀었다.

 여장을 풀고 리조트 회장님과 1층 로비에서 잠시 티타임을 가지며 담소를 나누었다. 원래 음악을 좋아하셔서 동아리 회원들과 함께 정기연주회도 하고 즐겁게 사신다며 좋아하셨다. 담소 후에 회장님의 안내로 지하 노래방에서 간단히 스트레스를 풀고 잠자리에 들었다.

 아침 일찍 일어나 보니 3층 식당에 회장님이 나와계셨다. 아침식사는 리조트에서 제공한다고 했다. 간단한 컵라면과 토스트로 가벼운 식사를 하고, 회장님 부부가 연주하는 색소폰 연주를 관람하고, 다음을 기약하며 기념사진을 촬영을 한 다음에 숙소를 나왔다.

 성산 일출봉에 도착하니 비바람이 세차게 몰아쳤다. 비닐 비옷을 챙겨 입고 일출봉 등반에 나섰다. 정상에 오르니 한없는 피안의 경지를 느낄 수 있어서 좋았다.

 기쁨을 만끽하고 아쉬움을 뒤로한 채 하산하여 만장굴 관광지로 향했다. 시력이 좋지 않은 나는 집사람 손에 의지하여 만장굴 끝까지 완주하고 기념 촬영을 하고 굴에서 나왔다. 집사람에게 무척 미안했다.

　점심 식사는 제주 시내에 있는 제주 마당에서 갈치조림을 맛있게 먹고 랜트 차량을 반납한 후 제주공항에서 16시 20분 김포행 아시아나 항공기에 몸을 실었다.

　짧은 1박 2일의 시간이었지만 가족과 함께 할 수 있다는 것이 무척 행복하고 즐거웠다. 좋은 추억을 쌓은 가족과 함께해서 여행의 즐거움이 배가 된 가운데 여행을 마쳤다.
　앞으로도 좋은 시간과 기회를 많이 만들어서 또다시 가족들과 함께 좋은 여행을 하길 다짐해 본다.

베트남 여행기
(하노이, 닌빈, 하롱베이)

　가정 형편상 신혼여행도 국내에서 지낸 나로서는 엄두도 못 내고, 꿈속에서나 생각하는 '해외여행'이란 단어다. 평생 해외여행 한번 못 가보고 세상을 하직하겠구나 하는 푸념이 자리 잡고 있었다.

　그러나 꿈은 현실로 다가왔다.
　집사람은 구로구 신도림동에서 114공인 중개사 사무실을 운영하고 있는데, 신도림동 공인중개사 회원 모임인 신공회에서 해외여행을 간다고 하였다. 나에게도 부부동반 티켓이 주어져서 해외여행을 가게 되었다. 첫 번째 해외여행이라서 캐리어도 사고 여러 가지 준비물을 챙겼다.
　여러 차례 국내 야유회에는 함께 동반했었지만 회원 모임에 자격이 없는 나에게 부부동반은 대박이다. 운영진과 회원님들의 배려 덕분에 행운을 얻은 것이다.
　설렘 속에서 기다리던 여행 날짜가 돌아왔다.

　베트남(하노이, 닌빈, 하롱베이)여행이 생소하였지만 모두투어 김수현 가이드와 인천공항에서 미팅을 하고, 탑승 수속을 받아서 베트남행 비행기에 몸을 실었다.

베트남 하노이 공항에 도착했다. 현지 가이드로 10여 년 경력의 베터랑 한주호 이사님을 만나 상세한 설명과 함께 즐거운 3박 5일의 여행길이 시작되었다.
 11월 22일 첫날은 하노이 시내 칼리다스 레지던스 72층 호텔에 여장을 풀었다. 숙소는 5성급으로 깨끗하고 조용해서 좋았다.
 11월 23일 조식을 먹고, 다시 짐을 꾸려 우리 일행들은 2대의 관광버스에 나누어 타고 닌빈으로 향했다.

이동 도중에 가이드님은 퀴즈를 곁들여 가며 베트남 문화 환경과 역사를 설명하며 한국 역사와 거의 판박이같다는 말을 하였다.
 베트남은 고엽제 피해로 일처다부제와 평균연령이 27세라고 하였다. 그리고 지하자원과 석유 매장량이 풍부하고 커피 생산은 세계 2위라고 설명했다. 또한 국민성은 자존심이 강하고 거지가 없는 것이 특이하다고 하였다.
 닌빈은 육지의 하롱베이라 불리는 곳으로 논과 강을 배경으로 겹겹이 보이는 석회암 카르스트 지형이 매력적인 곳이다. 이곳의 매력은 삼판이라는 나룻배를 타고 도시를 둘러싸고 있는 운하를 따라가며 관광을 할 수 있어서 좋았다.

나룻배를 타기 전, 점심 식사 장소에 미리 들러 화장실 등 개인 용무를 마치고 현지인들이 수공예로 손수 만든 전통 농 모자를 각각 1개씩 받아서 나룻배 관광에 나섰다.

나룻배 관광을 마치고, 현지식 불고기 백반 점심을 주문했는데 한국의 시골 음식과 비슷해서 부담없이 식사를 하였다.
식사를 마치고 다시 하롱베이로 향했다.
차창 밖으로 보이는 모습은 우리나라의 과거 농촌 풍경을 보는 듯했다.
하롱베이에 도착하자마자 수상 인형극을 관람했다.
수상 인형극은 11세기에 베트남 농촌에서 발생한 민속놀이를 발전시킨 인형극이다. 현재 인형극은 물이 고인 무대가 있는 곳에서 이루어지지만 예전에는 수확을 끝낸 논에서 행하여 졌다고 한다.
배우들은 무대 뒤에서 긴 대나무 막대와 수면 아래 숨겨진 끈으로 조정하여 인형이 마치 사람이 움직이는 것처럼 자연스럽게 연기한다고 한다.

한식당에서 불고기 백반으로 저녁식사를 하고, 케이블카를 타고 엔뜨 국립공원을 관광하였다.
귀소하여 윈덤 레전드 하롱 호텔(4성급)에 여장을 풀었다. 숙소 배정 후 약간의 미팅에서 일행들과 함께 소주 한

잔을 하며 친교의 시간을 나눌 수 있어서 여행의 기쁨을 더욱 느끼게 했다. 여행사 측의 과일 선물 바구니가 안주 대용으로 한몫하였다.

11월 24일. 6시에 기상해서 조식을 일찍 마친 후, 하롱베이의 본격적인 관광에 나섰다.

하롱베이는 베트남 북서부 광진 성에 있는 관광도시이다. 오랑캐의 침략에 도시를 보호하기 위해 9마리의 용이 내려와 지켰다는 바다이다.

어머니 용만 승천하고 아들 용 9마리가 지켰다는 바다, 3천여 개의 섬으로 이루어진 바다로 세계 7대 절경이며, 서울 면적의 2.5배 면적인 하롱베이 바다 관광을 하는데 유람선 1층짜리 1,200척과 2층짜리 400척이 성업 중이다.

하롱베이는 3무의 바다로 갈매기, 파도, 모래가 없다. 전 세계의 명화 촬영 장소로서 명화(인도차이나), (굿모닝 베트남)의 촬영 배경이 되었던 곳이다. 평균수심 70미터, 습도 100%, 온도 21~22℃의 평화롭고 3천여 개의 섬이 바다 위에 만들어 낸 비경이다.

티톱섬은 하롱베이에 있는 3,000여 개의 섬 중 하나로 모래사장이 있고, 섬 정상에 전망대가 있어서 하롱베이 섬 중에 가장 인기 있는 섬 중에 하나이다. 티톱섬 전망대의 400개의 계단을 오르면 하롱베이의 절경을 한눈에 볼 수 있다.

이 밖에도 천궁 동굴(승솟), 하늘문, 용형석, 용좌, 스피드보트(항루원+쪽배 포함)+낙타봉+하늘문+연꽃바위+항종 등을 관람 할 수 있다.

하롱베이의 유람선 관광, 노 젓는 배, 스피드보트 투어, 유람선 위 전통시장 수산물 요리 오찬 등 영원히 잊지 못할 추억이었다.

오찬 후에 잠깐의 레크레이션은 여행의 피로를 잠시 잊게 했다.
나름 선상에서 비경을 배경으로 기념 사진을 찍었는데, 배에서 내리니 미니앨범 기념사진이 도착해 있었다.
이후, 하롱베이 현지인 혼가이 재래시장을 방문하고, 마사지 체험, 침향 연구원을 방문했다. 저녁에는 한국인이 운영하는 삼겹살집에서 소주 한 잔 곁들이며 회포를 풀었다.
커피 전문점에서 족제비 똥 커피를 시음하고 숙소로 돌아와 휴식을 취했다.

11월 25일. 6시에 기상했다. 조식을 일찍 마치고, 하롱베이에서 출발했다. 한국인 학교를 방문하여 신이 주신 신비의 과일 노니에 관한 설명을 듣고 시음했다. 그리고 노니 백숙으로 점심 식사를 하였다.
하노이로 가는 동안에 가이드님께서 베트남 시골 풍경 및 가옥 구조를 설명해 주셨다.

　베트남은 프랑스 지배하에 100여 년을 보냈기 때문에 프랑스 풍의 가옥들이 대부분이라고 설명했다. 특징은 거의 다 출입문이 자바라 문으로 되어 있고, 직사각형으로 길게 지어져 있으며, 집집마다 옥상에 물탱크를 두었다. 석회암 지대라 식수를 정제하여 먹어야 하기 때문이라고 하였다.

　또한 은행을 믿지 못해 집집마다 금고를 두고 있다고 하였다. 베트남 사람들의 인식은 화폐를 구부리면 처벌을 받는다고 하였다. 돈을 소중히 여기며 화폐는 달러를 좋아한다고 하였다.

　어느덧 하노이에 도착했다.

　하노이는 베트남의 수도이자 베트남에서 두 번째로 큰 도시이다. 1945년 9월 2일에 베트남이 공식 수도가 되었으며, 도시 건설로 1,000년이 넘는 유서 깊은 도시이다.

　베트남에서 미니 전동차를 타고 천년 시장을 둘러본 후, 호안끼암 호수 주변의 한기둥 사원을 방문했다. 일일주사라고 불리는 불교 사찰로, 1049년에 꽃을 본떠 1개의 기둥 위에 불당을 얹어 지었다는 불당이다. 작지만 대표적인 고찰로서 정방향 연못 위에 떠 있는 자태가 우아하다.

　한기둥 사원을 방문한 후, 주변의 천년 시장에서 쇼핑을

했다. 가격이 저렴해서 나이키 운동화 한 켤레를 건졌다.

 하노이의 시내 관광을 마치고, 센 뷔페에서 저녁식사를 하였다. 센 뷔페는 식당 규모도 크지만 음식도 파트별로 다양했다. 식사 후 자그마한 베트남 전통 음악공연을 보며 휴식을 취했다.

 공항에 도착하여 출국 수속을 마치고, 아시아나 항공편으로 인천공항에 11월 26일 05:30분에 무사히 도착했다.
 일행들과 여행의 여운을 남기며 공항 식당에서 육개장 한 그릇을 먹으며 여행을 마쳤다.

 많은 경비를 선뜻 지불하고, 함께 동반한 아내에게 무척 고마웠다. 오며 가며 관광버스 대절도 하고, 편의제공과 좋은 코스를 선택하고, 앞장서서 즐거운 여행을 위해 노력하고 봉사를 해주신 신공회 임원진들께 진심으로 감사의 말씀을 전한다.

 여행은 답답한 마음을 열어주고, 희망찬 내일을 여는 좋은 힐링이다. 정말 행복하고 잊지 못할 추억의 여행으로 너무 좋았다.

화담숲 기행

 화담숲은 서울에서 40분 거리인 경기도 광주에 위치한 생태수목원이다. LG 상록재단이 우리 숲의 생태계를 복원하는 데 중점을 두고 1,355,371㎡ (약 41만 평) 대지에 4천 3백여 종의 국내외 자생 및 도입식물을 17개의 테마원으로 조성했다.
 화담숲의 화담(和談)은 '정답게 이야기를 나누다'는 의미로, 화담숲은 인간과 자연이 교감할 수 있는 생태 공간을 지향한다. 우리 숲의 식생을 최대한 보존하였고, 자연을 사랑하는 사람들이 누구나 편히 찾을 수 있도록 친환경적인 생태공간으로 꾸몄다. 또한 자연의 지형과 식생을 최대한 보존하여 조성된 덕분에 노고봉의 계곡과 능선을 따라 자연스럽게 자리 잡은 수목들의 다양한 모습을 볼 수 있다.

 평소에 산책을 하고 싶어도 몸이 불편해서 트레킹을 할 수 없는 장애인이나 노약자, 어린이들을 위해 유모차나 휠체어를 타고 편안하게 자연을 감상하며 힐링 할 수 있도록 조성하였다. 5km의 숲속 산책길 전 구간이 경사가 완만한

데크길로 가족단위 관람객에게 큰 인기를 끌고 있다. 주요 테마원으로는 국내 최대 규모의 '이끼원'을 비롯해 1,000여 그루의 하얀 자작나무가 펼쳐진 '자작나무 숲/소망 돌탑'과 명품 분재 250점을 전시하고 있는 '분재원' 등이 있으며, 국내 최다 품종인 480여 종의 단풍나무를 비롯해 우리나라 숲에서 만나볼 수 있는 아름다운 꽃과 나무를 화담숲에서 만나볼 수 있다. 또한 생물종 복원 사업의 일환으로 국립공원 관리공단과 함께 국내에 자생하는 멸종 위기종인 반딧불이, 원앙이 등의 생태복원을 위한 서식환경의 연구, 조성을 하고 있다.

이러한 생태복원 노력 덕분에 화담숲 곳곳에서는 우리에게 친근한 도롱뇽, 고슴도치, 다람쥐 등을 쉽게 마주칠 수 있다. 그 밖에 민물고기 생태관과 곤충체험관 등을 운영하고 있다.

무성한 초록이 산과 들을 뒤덮은 2021년 5월 30일. 코로나 여파로 답답한 생활에 잠시나마 가족끼리 힐링 장소로 화담숲을 선정하여 다녀오기로 했다.

새벽 6시에 성당에서 미사를 드리고, 아침식사를 하고, 8시 30분에 화담숲 산책 1일 야외 나들이에 나섰다.

하늘에 구름 한 점 없는 청명한 날이었다.

그 날은 우리 딸, 수영이가 결혼을 한 지 한 달여 된 시점에서 사위와의 첫 나들이이고, 바쁜 일상이지만 며칠 후 있을 아내의 생일을 축하하는 자녀들의 마음과 나의 생각이 더해져서 기쁨이 배가 되었다.

싱싱한 아침햇살을 받으면서 서부간선도로를 타고 판교에서 일산 간의 고속화 도로를 경유한 후, 곤지암 화담숲에 09시 40분쯤에 도착할 수 있었다.

차를 주차장에 주차하고, 간이 파라솔 벤치에서 미리 준비한 커피 한 잔을 마신 후, 개찰구로 이동하여 화담숲 산책로에서 삶의 이야기꽃을 피워가며 산책을 하였다.

모노레일 1승강장은 그냥 지나쳤다. 자연과 교감하는 첫 단추다. 일단은 걸어서 오르기로 했다.

올라가는 도중에 온갖 식물들과 나무들을 보며 자연의 경이로움에 마음을 빼앗겼다. 우리 식생활에서 볼 수 있는 산나물 곰취, 둥굴레, 인진쑥 등 다양한 산나물들이 자생하고 있어 친근감이 더해졌다.

한참 오르다 보니 자작나무 숲에 다다랐다. 하얀 속살을 드러낸 자작나무 결을 만져보니 사람 피부처럼 엄청 부드러웠다. 촉감이 좋았다. 자작나무 숲에서 기념사진을 한 컷 찍었다.

자작나무숲이 끝 날 무렵 모노레일 제 2승강장에 다다랐다. 이곳에서 표를 발권하고 약 5분 정도 되는 2구간을 모노레일을 탔다.

제 3승강장에 하차하여 분재원을 경유해서 전시해 놓은

기상천외한 여러 가지 소나무 분재 등을 감상하며 한 걸음 한 걸음 내려왔다. 100여 년이 넘는 분재와 오엽송에서 사진을 한 컷 찍었다.

분재원을 지나 꽃길 산책로에 접어들어 꽃을 보며 마음의 정서를 찾고 가족들과 사진을 한 컷 찍었다. 옛 추억이 묻어나는 민속놀이를 재현해 놓은 장소를 둘러보며 잠시 옛 추억을 떠올리다가 출발점에 도착하여 주차장으로 내려왔다. 약 2시간가량의 산행이었다.

곤지암은 예로부터 소머리국밥이 유명한 곳이다.

출출한 시장기를 달랠 겸 근처의 소머리국밥집으로 향했다. 5분여쯤 승용차를 달리니 최미자 소머리국밥집 본관에 도착했다. 꽤 많은 사람들이 줄을 서서 기다리고 있었다. 주걱에 적혀진 예약번호 22번을 건네받고 대기 장소에서 약 30여 분을 기다려야 했다.

순서가 되어 소머리국밥을 마파람에 게 눈 감추듯 깨끗하게 한 그릇 비우고 다음에 목적지인 천진암 성지 순례길에 나섰다.

승용차로 굽이굽이 산길을 따라 약 20여 분정도 이동하여 천진암 성지에 다다랐다. 성지에 도착하여 초대 한국천주교의 선구자들이 묻혀있는 거룩한 장소에 묵념을 하였다. 100년 대개로 성전 건축을 계획하고 있는 성지를 둘러본 후, 경당에 머물러서 기도를 하고 봉헌을 한 다음에 성지를 내려왔다. 성지입구에서 기념 사진을 한 컷 찍고 내려오다가 카페에서 시원한 커피와 아이스크림을 먹고 담소를 나누며 귀갓길에 올랐다.

 힐링은 또 하나의 힘과 용기와 끈끈함을 맺어주는 삶의 매개체다. 다소 피곤함도 따르지만 서로를 생각하며 염려하고 격려해 주는 가족에게 무한한 사랑을 느꼈다.
 기분 좋은 하루였다. 모든 것에 감사하고 싶다.

국화도 기행

국화도는 경기도 화성시 우정읍 국화리에 딸린 섬이다. 면적 0.39km²에, 해안선 길이는 2.7km이고, 산 높이가 276m인 현재 42세대 60명이 살고 있다.

이름의 유래를 보면 꽃이 늦게 피고 늦게 진다고 해서 늦을 '만(晩)'자 만화도라고 불렸으나 일제강점기 때 창씨개명 당시 국화가 많이 피는 섬이라고 해서 국화도라고 부르게 되었다고 한다.

실제로 이 섬 전체에 들국화가 지천으로 핀다.

또 다른 설은 구한말 때까지 우정면 매향리였으나 이후에는 매향리에서 분리, 국화리로 개칭되었다고 전한다.

국화도는 충남 당진시 석문면 장고항 바로 앞에 위치하는 섬이다. 거리는 충남과 가깝지만 행정구역은 경기도 화성시에 속한다.

주변에는 입파도, 육도, 풍도, 난지도 등의 섬들이 있다. 국화도의 생활권은 충남 당진의 장고항이다. 행정구역은 장고항보다 5배나 먼 경기도 화성시 우정면에 속해 있다.

즉 인근 내륙인 경기도 화성시 우정면 매향리와는 17km, 충남 당진시의 장고항과는 3.5km 떨어져 있는 것이다.

장고항에서 도선을 타고 20분 정도 들어가면 섬에 도착한다. 차도선은 아직 다니지 않고 일반선이 다니기에 차량은 들어갈 수 없다. 섬에 들어가 걸어서 두 시간 정도 다니면 섬 전체를 돌아 볼 수 있다.

국화도는 '모세의 기적'이 나타나는 섬 두 개를 곁에 두고 있다. 서북 동쪽에 매박 섬(토끼 섬), 남서쪽에는 두지 섬(도지 섬)이 사이좋은 오누이처럼 자리 잡고 있다.

두지 섬은 물이 빠지면 걸어서 들어갈 수 있다. 국화도의 5분의 1 크기인 매박섬은 작지만 백사장이 있다. 물이 맑고 낚시도 잘 된다.

해삼 모양처럼 생긴 조그마한 무인도인 매박섬에는 바위산으로 1.5km 정도의 거리를 두고 정자를 만들어 놓아 전망이 제법 좋다. 수석처럼 솟은 매박섬 바위 주변에서 고둥과 조개를 잡는 재미 또한 쏠쏠하다.

썰물 때 들어와 물길이 닫히면 홀로 낚시를 즐기며 휴식을 취하면서 낮잠도 자고 책을 읽으면서 풍류를 즐기기에 아주 좋은 곳이다. 물론 나갈 시간을 염두에 둬야 한다.

2020년 9월 5일 토요일.
전날 야간근무를 마치고 아침 8시에 퇴근길을 재촉했다.

집에 도착하니 집사람이 몇 가지 입을 옷과 아이스박스를 꺼내 놓고 있었다. 같이 갈 일행들에게 전화를 하고, 차량에 주유를 가득 넣고, 마트에서 몇 가지 물품을 구입했다. 일행과 승용차 한 대에 몸을 싣고 여행길에 올랐다.

다소 가을 냄새가 풍기는 덥지 않은 날씨여서 상쾌한 기분이었다.

서해안고속도로는 평소에는 많이 정체되는 곳인데 오늘은 길이 잘 빠지는 것 같았다. 원래 노선은 서해대교를 건너 송악 IC를 이용 장고항으로 가려 했으나 부족한 식자재를 더 구입하기 위해 당진 IC를 경유해서 마트에 들러 물품을 구입한 후 장고항으로 향했다.

처음 가는 길이라 낯설었다. 장고항 가는 길에 석문방조제 주변에는 바지락을 캐러 온 사람들이 타고 온 승용차가 길 가장자리에 즐비하게 주차되어 있었다.

장고항 매표소에 도착하니 11시 45분이다.

12시에 배가 출발한다고 빠른 승선을 재촉했다. 표를 끊고 차를 주차한 후 1km쯤 되는 선착장까지 짐은 매표소 차량을 이용해서 미리 보내고, 거의 뛰다시피 하여 가까스로 국화도행 여객선에 승선할 수 있었다.

승선하고 20분쯤 지나자 국화도 선착장에 도착하였다.

그곳에는 우리 일행을 반기며 전기차를 가지고 나오신 서옥희 안젤라 자매님이 우리 일행을 반겨주셨다.

가져온 짐을 전기차에 싣고 숙소로 향했다. 숙소는 산등성이 언덕 위에 자리 잡은 조용하고 아담한 곳으로, 매박섬이 한눈에 들어오는 풍광이 아주 좋은 곳이었다.

집에 도착하여 짐을 내리고 주변을 돌아보고 나니 점심시간이 되었다. 자매님께서 미리 준비해 놓으신 우럭 매운탕을 소주와 반주하여 맛있게 식사를 하였다.

식사를 마친 후, 14시 즈음에 바지락을 캘 호미 몇 자루와 담을 통을 들고 능선을 따라 500여 미터를 내려갔다. 매박섬이 보이는 바닷가에서 일부는 바지락을 캐고 일부는 매박섬을 둘러보았다. 썰물로 갈라진 모세길로 매박섬에 도착했다. 조개껍질이 쌓인 언덕에서 기념사진을 한 컷 찍고 잠시 휴식을 취하는 사이에, 어느덧 모세길에 물길이 밀려와서 걸음을 재촉하여 빠져 나왔다. 그 사이 바지락을 잡은 일행은 3kg 남짓한 바지락을 캐었다.

우리 일행은 잠시 쉼터에서 담소를 나누다가 숙소로 향했다. 숙소에 도착해서 이벤트를 위해 윷을 만들어 놓고, 저녁 바비큐 파티를 위해 준비했다. 야생 씀바귀, 들깻잎, 호박잎, 고추, 방풍나물, 당근 등을 준비하고 마른 작은 나뭇가지를 잘게 꺾어 불쏘시개를 준비해서 불을 피웠다. 본격적으로 바비큐 삼겹살 구이 파티를 시작했다.

처음에는 연기도 많이 나고 어설펐지만 시간이 지날수록

모든 것이 잘 진행되어 고기도 손쉽게 구워 먹을 수 있었다. 고기를 먹는 동안에 모기에 물리지 않도록 마른 쑥 향을 피워주신 명관길 형제님의 세심한 배려에도 감사했다.

소주를 곁들이며 이런저런 지난 이야기로 넋두리를 늘어놓으며 웃음꽃을 피워가며 즐겼다. 그리고 형제님이 보관하던 귀한 구기자주를 한 병 나누어 마시고 남은 숯불에 감자를 은박지에 싸서 맛있게 구워 먹었다.

21시에 2차 이벤트를 위해 거실에 모였다. 거실에선 23시까지 시간을 정하고 부부 동반으로 척사대회를 하여 나름대로 즐거운 시간을 보내고 잠을 청했다.

다음날, 아침에 일찍 기상하여 섬 주변 둘레길을 걸으며 팔각정 도지 섬 등의 풍광을 둘러본 후에 숙소로 돌아왔다. 아침식사로 우럭 칼국수를 준비하여 먹었다. 전날에 남은 취기를 깨끗이 달래주는 기분이었다.

오전에 물길이 열리면 다시 바지락을 캐려고 했으나, 다시 남쪽에서의 태풍 소식과 비가 온다고 해서 일정을 다음 기회로 미루었다. 우리 일행은 짐을 꾸려서 11시 40분 배를 타기 위해 형제님께 인사를 하고 선착장에 나왔다.

아쉬운 작별을 뒤로 한 채 장고항에 도착했다. 매표소 차량에 짐을 보내고 수산물 판매장에 들러 낙지 젓 갈 등 밑반찬 몇 가지를 각자 취향에 맞게 구입하였다. 점심을 먹기 위해 이동하여 당진 부근에 있는 우렁이 쌈밥집에서 점심을 먹었다. 가까이에 있는 일행 사무실 대성 에어텍에 들려서 사무실도 둘러보고 주변 공터에 심어놓은 호박잎을 채취하여서 서울로 귀향하였다.

  서울에 도착해서 짐을 풀고 잠시 휴식을 취한 뒤, 18시에 저녁 미사를 봉헌하고, 성당의 근처에 있는 봉고기 식당에서 저녁 식사를 한 후에 여행을 마무리하였다.

  매번 느끼는 것이지만 여행은 힐링이다. 보다 더 행복한 삶을 살아가기 위한 엔도르핀을 충전하는 삶의 지혜이다.
  추억에 남는 즐거운 여행길이었다.

제천 시티투어 기행

　충북 제천시는 인구 13만 2천2백여 명이 살고 있는 지방도시이다. 충정 북도 북쪽에 위치하여 인접한 단양, 영월, 강원도 원주, 경북 안동의 접경지대로 주변이 78% 이상 산으로 둘러싸여 있다. 제천 10경이 있을 만큼 경치가 수려한 곳이다.
　제천 10경은 1경 의림지, 2경 박달재, 3경 월악산, 4경 청풍문화재 단지, 5경 금수산, 6경 용하구곡, 7경 송계계곡, 8경 제천 옥순봉, 9경 탁사정, 10경 베론성지이다.
　이번 여행길에서 선택한 곳은 자연여행으로 청풍호 유람선 승선과 체험여행으로 제천 옥순봉 출렁다리 체험, 레저체험으로 청풍 호반 케이블카 승선 코스의 관광이다.

　2022년 5월 21일 9시 30분에 바쁜 일상을 뒤로 한 채, 전날의 야간 근무로 피곤하였지만 여행한다는 기쁜 마음으로 졸리는 눈을 비비며 먹거리 몇 가지를 아이스박스에 챙겨서 자가용으로 여행길에 올랐다.
　서부간선도로를 타고, 서서울 톨게이트를 경유하여 영동

고속도로를 타는 것으로 행선 길을 정했다.

　초행길이라서 중간에 덕평휴게소에 들러서 길 안내를 받고 다시 출발하였다. 어느정도 달리자 충주 분기점에서 평택제천 간 고속도로를 이용할 수 있었다.

　남대천 IC를 빠져나와 우측으로 10여 분 달리니 목적지인 제천 금성면에 13시 20분에 도착했다. 함께 지낼 가족들과 13시 30분에 만나기로 해서 잠시 기다리자 일행들이 속속 도착했다. 기흥에 거주하는 작은 처남 가족, 서울에 거주하는 우리 딸, 사위 가족, 전주에서 올라온 큰 처남 가족 일행까지 모두 12명이 모였다.

　모인 장소는 점심 식사를 하기 위해 미리 예약해 둔 다래향 식당이었다. 식당에서 흑염소 전골, 수육, 만두 등으로 점심 식사를 한 후, 근처에 있는 게스트하우스에 여장을 풀었다.

　게스트하우스는 2층짜리 숙소인데 다른 손님들이 없어서 우리 가족이 1, 2층을 모두 독점하여 사용해서 좋았다.

　호실 배정을 마치고 잠시 모여서 환담을 나누는 가운데 준비 해간 윷놀이를 두어판 하며 놀았다.

　조금 서둘러서 17시에 저녁식사로 바비큐 오겹살 구이를 준비했다. 제법 먹음직스럽게 고기가 익자 저녁 식사를 준비했다,

　서두른 이유는 우리 집 안식구 환갑 생일이 5월 22일(음

력 4월22일)이여서 오늘 축하를 겸하여 함께할 가족 여행 모임을 계획한 것이었다.

　케이크를 준비해서 불을 켜고 축하송과 박수로 축하해 주었다. 우리 안식구는 참석한 가족들에게 티셔츠를 하나씩 선물해 주며 화답했다.

　너무 감사하고 감동적이었다. 이어서 가지고 간 발렌타인(위스키) 1병을 개봉하고 맥주, 소주 등 몇 병의 술과 함께 담소를 나누며 21시까지 파티를 이어갔다.

　어린 손주들이 있어서 21시에 마당에서 방으로 장소를 옮겼다. 방에서 2차로 포도주 파티를 열고, 가족대항으로 척사 놀이를 서너 판 놀았다, 너무 행복한 순간이었다,

　이후 22시에 각자 숙소방으로 가서 자유시간 등 숙면을 취했다.

　다음 날, 제천시 문화 관광홍보국에서 운영하는 시티투어에서 무료로 대형버스를 대절하여 주신다고 해서 우리 가족들이 큰 혜택을 봤다. 그래서 아침 7시에 기상하여 주변 정리를 하고, 8시에 아침 식사를 마친 후, 짐을 정리하여 차량에 실었다. 행운이었다.

　9시 30분에 시티투어 버스에 12명 전원 승차하고 첫 번째 여행지인 청풍 호반 유람선 선착장으로 출발했다. 관광국에서 나오신 관광 안내 가이드의 설명을 듣다 보니 어느새 10시 05분 청풍호 유람선 선착장에 도착했다. 편도로 청풍

나루에서 장회나루까지 가는 표를 구했다.

원래는 왕복 1시간 20분 운행하는 유람선인데 우리 가족은 버스를 지원받았기에 장회나루로 버스가 미리 이동하기 때문에 편도를 이용할 수 있었다.

매표소에서 탑승 수속을 마치고 승선하였다. 10시 15분에 유람선이 청평호의 40여 분 동안 가는 뱃길 물살을 갈랐다. 날씨도 좋고 공기도 맑아서 신선이 된 기분이었다. 20여 분 지나자 옥순 대교가 보였다. 이곳을 통과 하자마자 강선대, 둥지봉, 제비봉, 금수산, 옥순봉, 구담봉 등 비경이 펼쳐졌다. 중간중간 3층 선상을 오르락내리락 하며 기념사진을 촬영 하였다.

11시 05분에 장회나루에 도착했다. 하선하여 장회나루 전망대에 올랐다. 장회나루 전망대에서 바라본 구담봉과 충주호는 가슴이 뻥 뚫리는 기분이 드는 천혜의 비경을 보여주고 있다.

그곳에서 가족사진 촬영을 하고 잠시 머물다가 미리 와서 도착했다. 대기 중인 버스에 승차하고 두 번째 여행지인 제천 옥순봉 출렁다리로 이동했다.

11시 15분에 도착하여 표를 사고 출렁다리로 향했다.

옥순봉 출렁다리는 2021년 10월에 개통된 총연장 222m의 다리로 성인 1,286명이 동시에 지나갈 수 있는 하중으로 설계되었다고 한다. 안전불감증 같은 것은 느끼지 못했다.

다리를 왕복하고 돌아오는 길에 매점에서 출렁다리 출렁

주 더덕 막걸리를 팔고 있어 음미하고 싶었지만 다음 기회로 미루었다.

출렁다리를 다녀오니 12시 15분이 되었다. 조금 배도 고파왔다.

12시 30분쯤에는 청풍면에 있는 느티나무 맛집에서 점심 식사를 했다. 송어회 비빔밥, 두부전골 음식이 나왔다.

맛있게 점심 식사를 마치고 오늘 여행의 마지막 레저 체험 여행지 청풍 호반 리조트 케이블카 탑승을 위해서 인근 5분 거리에 있는 케이블카 승강장으로 14시 10분 이동하였다.

청풍면 물태리 역에서 비봉산 정상까지 운행하는 케이블카는 2020년 410억여 원을 들여 만든 시설로 2.3km를 운행하는 꽤 긴 구간으로 2021~2022년 한국 관광 100선에 선정되었다. 케이블카는 10인승 캐빈인데 일행끼리 나누어서 승선시켜 주었다.

탑승하여 9분 정도 오르니 비봉산 정상의 승강장에 도착했다. 청풍호 사방의 주변 경관을 모두 볼 수 있었다. 여기저기 기념 촬영을 하는 포토존이 마련되어 있었다.

비봉산 정상에서 청평호의 아름다움을 감상하다가 14시 45분에 하산하여 15시에 버스에 도착했다.

15시 30분에 숙소인 게스트하우스로 돌아와서 가족들과 아쉬운 인사를 나누며 각자 집으로 귀가하였다.

너무도 행복하고 값진 여행이었다. 여행지 섭외와 많은 공을 들인 우리 아내에게 감사함을 전하고 싶다.

행복하고 감사했다.
함께했던 가족 모두에게도 늘 건강과 행운이 함께하기를 기원한다.

사랑하는 동생을 하늘나라로 보내며

2019년 4월 15일 월요일 14시 30분쯤, 야간근무를 하기 위해 낮잠을 청하려 하는데 한 통의 전화가 왔다.

"큰형, 큰일 났어요. 정욱이 동생이 사망했다고 경찰서에서 연락 왔어요." 하는 셋째 동생 정근이의 목소리였다.

정근이 동생은 부친 선종 때에도 임종을 같이 했고, 집안에서 가장 소통이 잘 되는 연락책이었다.

그 순간 나는 '내가 또 다른 큰 죄를 지었구나' 하는 생각에 눈앞이 캄캄했다.

사랑하는 내 동생 정욱이는 9남매 중 7번째 동생이다. 성질이 불같고, 자존심이 강하며, 인정이 두터운 동생이다. 이런 동생을 잘 보살펴주지 못하고 하늘로 보내는 죄책감에 내 마음은 천 갈래 만 갈래 찢어졌다.

남은 동생들과 함께 힘을 보태서 장례식을 마치고, 일상으로 가는 길목에 마음이 너무 아팠다. 맏형으로서 잘 보살펴주지 못했던 일들이 생각나서 자꾸 가슴 시려왔다.

장례식을 마치고 가족 모두 완주 소양에 있는 막내 이모 가게 수라정에서 어머니를 모시고 식사를 하게 되었다.

자식을 먼저 보내는 어머님의 찢어지는 마음을 누구보다도 잘 알기에 불효자의 모습을 보여주기 싫어서 어머님은 장례식에 참석하시지 못하게 하였다.

이모님 식당에서 어머님을 보는 순간 어머님께서는 눈물 섞인 긴 한숨을 내쉬며 나를 와락 끌어안았다. 내가 왜 우리 큰아들을 낳아 이런 아픈 시련을 겪게 하는지 모르겠다고 하며 어머니는 자기 마음보다도 아들의 마음을 더 걱정해 주셨다. 그런 어머니를 보면서 모든 것이 더욱더 서글퍼졌다.

슬픔을 뒤로한 채, 일상으로 돌아가려는데 발걸음이 잘 떨어지지 않았다. 인생을 순리대로, 그냥 흐르는 물처럼 살아가려고 해도 오늘따라 물이 잔잔한 호수에 고인다.

내가 살아왔고, 살아가야 할 운명 아닌 운명에 순응하며, 지금 내가 할 수 있는 것이 무엇인지 깊이 성찰해 본다.

한번 왔다가 가는 인생인데, 시간이 너무 짧은 것 같다. 태어날 때는 순번이 있어도 세상을 하직할 때는 순번이 없다는 말이 새삼 귓전에 다가온다.

주변을 둘러본다. 살아있어 주어서 감사하고, 고맙고, 행복하다는 말이 실감이 난다. 오늘도 살아 숨 쉬도록 새 생명 주시는 하느님께 무한한 감사를 드린다.
 살아 있을 때 잘 해야 되겠다는 생각이 마음에 자리 잡는다.

 지금도 "큰 형 왔디야" 하며 시골집에 들어서는 모습이 눈에 선하다.

 사랑하는 동생 정욱아 살아생전 큰 형으로서 잘 해준 건 없다만은 현생에 남아 있는 부모 형제들에게 미움도 원망도 다 잊어버리고 모든 것 용서하고 하늘나라에서 평안한 안식과 영면을 빈다.
 – 큰형

인생은 혼자가 아닙니다

 북아메리카에 살았던 인디언 중에 체로키 부족은 소년들이 강인한 성인으로 성장하기를 바라면서 독특한 성인식을 한다.
 아버지가 아들을 멀리 떨어진 숲속 깊은 곳으로 데려 간다. 소년은 혼자서 눈이 가려진 채 밤을 꼬박 지새워야 한다. 지금까지 부족과 가족을 떠나 본 적이 없었던 소년은 부족의 규칙에 따라 눈가리개를 결코 풀어서는 안 되고, 아침 햇살이 비칠 때까지 혼자 버텨야 한다.
 서늘한 바람이 수풀 사이와 땅 위로 매섭게 몰아치고 사방에서 별의별 소리가 다 들린다. 무섭지만 홀로 이겨 낼 줄 알아야 진정한 남자로 거듭난다고 믿었다고 한다.

 영원할 것 같은 밤이 지나고 새벽 햇살이 스며들자 눈가리개를 벗고 주변을 둘러본다. 꽃들과 나무, 작은 숲길이 보인다. 그리고 어렴풋이 사람 모습이 보인다.
 눈을 비비고 다시 보는 소년의 눈에는 놀라움과 감동으로 눈물이 고인다.

지난밤에 아들 옆의 그루터기에 앉아 두려움에 떨고 있는 아들을 지켜보며 안타까운 마음으로 응원을 하고 있던 아버지의 모습이 보였기 때문이다. 아버지는 혹시라도 무슨 일이 있으면 부축해 주고, 보듬어 주기 위해 뜬눈으로 함께 밤을 지새운 것이다.

이 따뜻한 글을 소개하는 이유는 여러분은 결코 혼자가 아님을 명심하라는 이유에서이다. 가족, 선생님, 친구, 이웃들이 늘 여러분을 지켜주고 있다. 결코 두려워하지 말고 세상을 향해 힘차게 달려가기를 바란다. 아직 더디지만 자신의 꿈을 이루기 위해 포기하지 않고 노력한다면 성공은 꼭 찾아올 것이다.

할 수 있는 한 최대한 열심히 시간을 보내기를 바란다.
열심히 살아온 시간들이 모여서 풍요롭고 아름다운 삶이 될 것이다.
아프리카의 속담에 빨리 가려면 혼자 가고, 멀리 가려면 함께 가라는 말이 있다. 언제나 여러분들과 함께 가는 든든한 소중한 이들이 있음을 알아야 한다.

변화를 통한 삶의 충전

내가 변하지 않으면 아무것도 바뀔 수 없다.
보여주기식의 삶의 방식을 과감히 탈출하는 것이다. 탈피를 통해서 내가 가야 할 길을 다시금 조명해 보는 것이다.

언제까지나 누군가에게 끌려다니면서 부화뇌동하며 살 수는 없지 않은가!
삶의 중심에는 항상 내가 있어야 한다. 나 자신이 스스로 방황하며 갈피를 잡지 못하는 순간, 많은 사람들이 선의의 피해를 보게 된다. 본인 자신 하나도 제대로 관리하지 못하면서 남을 위해 봉사한다는 것은 허울이다. 그래서 나는 단호한 결정을 내렸고, 그 결정에는 결코 후회가 없다.

눈물 젖은 빵을 먹어본 사람이 배고픔의 서러움을 알 듯이 알지 못하면서 아는 척, 봉사를 하지도 않고 봉사하는 척하는, 이러한 가식적인 삶의 방식들을 버려야 한다.
내가 변화가 필요하다고 하는 주된 이유이고 관건이다.
새로운 도전을 위해서는 희생과 아픔이 따른다. 과정이

힘든 것을 알기에 사람들은 변화를 추구하길 꺼려 한다.

 나 아니면 안 된다는 생각을 버려야 한다.
 그릇 100개를 닦아 놓으라고 두 사람에게 숙제를 주었다.
 한 사람은 쉬지도 않고 열심히 99개를 닦고 일을 마무리하면서 마지막 그릇 한 개를 깼다. 다른 한 사람은 그릇을 50개만 닦고 나머지 50개는 그냥 남겨 두었다.
 누가 잘 한 것일까?
 물론 99개를 닦은 사람이 열정적으로 일을 많이 했으니 잘했다고 할 것이다. 그러나 사회의 현실은 그렇지 않다. 하나의 실수가 모든 것을 잃게 만들었기 때문이다.
 깨진 한 개의 그릇은 회복이 안된다는 지론이다. 싫어도 후자를 인정을 하게 된다.

 우리의 삶 속에서도 이와같은 비슷한 상황에서 무조건 속단하지 말고 심사숙고해야 한다. 방법이 없다면 대안을 모색하고 찾아야 한다.
 영국의 처칠 수상의 명언처럼 바람이 불지 않으면 노를 저어야 한다.

술을 경계하는 몇 가지 방법

음주 가무를 즐기던 우리 겨레는 술 이야기가 풍부하다.

조선 시대에도 술 관련 사고가 적지 않았던 모양이다. 세종은 신하들에게 자료를 조사해 주계(酒戒)를 짓도록 했다. 여기에는 술때문에 망한 역사 속 인물과 술을 경계해야 하는 일화들이 총망라되어 있다.

주량이 한 말인 중국 진나라의 주의란 사람이 손님과 즐겁게 마시고 만취해서 깨어보니 손님의 겨드랑이가 썩어서 죽어 있더라는 일화가 황당하다.

주계는 "신라는 포석정, 백제는 낙화암으로 망했다."라고 하며, 식견 있는 신하들도 술로 실수를 하는데 백성들은 더욱 더 말할 나위도 없다고 개탄해 했다.

중종 때는 왕과 신하가 신참 관료에게 억지로 술을 먹이는 폐단에 대해 논의 한 기록(중종 20년)이 남아 있다. 여기에서 신입생 환영회 때 강제로 술을 먹이는 깊은 뿌리를 엿볼 수 있다.

퇴계 이황도 주계를 지었다. "내가 그 독을 맛보았는데 자식이 또 그 함정에 빠지는구나"라고 한탄한 것을 보면 그도 술 좀 드셨음을 알 수 있다.

연암 박지원도 술을 경계하는 글을 남겼다.

> 술 주정꾼을 후(酗)라고 하는 이유는 술을 마시고 흉(凶) 해짐을 경계한 것이고, 술 유(酉)와 죽을 졸(卒)을 더하면 취할 취(醉)가 되며, 살 생(生)을 더하면 술 깰 성(醒)이 된다.
> 우리가 옛사람들보다 술을 더 좋아하면서 술에 대한 옛사람들의 경계에 어두우면 안 될 일이다.
> — 연암집 5권

오늘날 우리가 연암보다 술을 덜 마시지는 않을 것이니 연암의 말처럼 우리도 옛 사람들의 술에 대한 경계에 대하여 어둡지 말아야 할 것이다.

나는 나에게 말하고 싶다.

지난 세월을 뒤돌아 보니 삶에 찌들은 눈물겨운 나날이 많았다.

나의 삶을 아름답게 가꾸지 못한 나의 잘못이 커서, 지금 이렇게 힘겹고 초라한 삶을 이어가는 것 같다.

매사에 남들이 성공하고 잘나가는 것은 쉬워 보였는데, 그 내면에서 피나는 노력과 땀방울이 있었음을 쉽게 간과하였다.

언젠가 이런 생각을 해보았다. 내 인생의 노트에 무어라 한 줄을 남겨야 하나, 잊혀가는 희미한 추억 속에서 나를 찾기란 모래알 속 진주 찾기보다 더 힘들다는 것을 알았다. "박수 칠 때 떠나라"라는 말이 생각난다.

50대 중반이 넘어서니 이제야 깨달음을 느낄 수 있는 것은 왜일까? 지금이라도 너무 감사한다. 주변에는 남의 슬픔과 아픔이 나의 행복이라는 사람들을 가끔 보곤 한다. 모두가 잘 살고 행복한 세상이 되면 좋겠지만, 세상살이가 그리 녹록해 보이지는 않는 것 같다.

  나의 주변을 되돌아 보니, 마음은 어려운 사람과 함께하고 싶은 잔정이 많은 사람이라고 할 수도 있겠지만, 술과의 인연에서 그렇게 좋은 시각으로 바라보기엔 너무 아쉬움이 많이 남는다.
  젊은 날 어려운 가정환경에서 자라면서 '내가 어른이 되면 그렇게 살지 말아야지'라고 다짐했던 청춘의 꿈이 술과의 만남에서 서서히 잊혀가고 멀어져 갔다.
  모든 것이 순간의 편안함과 개인주의적 성향으로 변해 갔다. 잘나지도 못했으면서 잘난 척, 있지도 않으면서 많이 있는 것처럼, 배우지도 못했으면서 많이 배운 것처럼, 가식적인 나의 행동에 주변의 지각 있는 사람들은 보이지 않는 내 인생에 수많은 조롱을 했을 것이다.

  이제야 깨달은것 같다. 나를 사랑하지 않고서는 다른 사람을 사랑할 수 없다는 것을. 오늘따라 '가화만사성'이라는 글귀가 머릿속에 맴 돈다.
  힘든 시기에 나와 결혼을 해서 어렵게 가정을 이끌며 잘 살아 보려고 노력했던 아내의 마음을 조금은 알 것 같다. 어려운 생활 속에서도 주변을 잘 살피고 절약하는 생활을 하는 아내에게 감사의 마음을 전하고 싶다.
  함께 가는 삶의 여정에서 동반자로 이제부터라도 제대로

된 가식 없는 삶, 삶의 진실이 묻어있는 삶, 내 인생의 노트에 아름답게 남길 수 있는 삶을 살아보려 한다.

골프에 입문하다.
골프채를 구입하며

 언제나 그랬듯이 내가 삶의 기로에서 힘들고 지쳐있을 때 혜성처럼 나타나 나에게 무한한 사랑과 위안을 주고, 용기와 희망을 주는 소중한 사람이 내 곁에 있다.
 그가 바로 나의 아내이다. 너무도 사랑스럽다. 이 세상 아무리 예쁜 꽃이 있다고 한들 이보다 예쁜 꽃은 없을 것이다.
 그러나 아내는 이제껏 살면서 자신을 위해 투자 한번 해본 적이 없다며 넋두리를 하던 참이었다.
 때마침 아내의 사무실 주변에 이 들어온다는 소식에, 다소 늦은 감은 있지만 스크린 골프라도 배우고 싶다고 같이 운동을 하자고 제안하였다. 우리 부부는 서로의 마음을 잘 알고 있기에 나이가 더 들기 전에 배우기로 흔쾌히 결정하였다.
 2022년 6월. 회원 등록을 1년으로 하고, 시설 공사가 끝나는 대로 레슨을 받기로 계약했다.
 공사가 끝나고 10월 1일 드디어 스크린 골프 연습장이 오픈했다. 일주일에 3~4회의 레슨을 받기로 마음먹고, 생소

한 골프 관련 용어와 자세를 익히며 내심 열심히 연습했다.

 세상에 쉬운 일은 없는 것 같다.
 2개월 정도 지난 후, 12월 16일에 꿈에 그리던 골프채를 구입하려고 프로 선생님께 매장을 추천받았다.
 아무것도 모르고 무작정 매장에 갈 수는 없어서 골프 경력이 출중한 베테랑 지인과 함께 서울 금천구 가산동 소재의 롯데 아울렛 팩토리 가산점의 AK골프 매장을 방문했다.
 골프채를 비롯한 다양한 용품이 진열되어 있어서 무엇을 어떻게 구입해야 할 지를 몰랐다. 망설이던 참에 매장에 도착하면 전화를 달라고 아내에게 말한 프로님이 생각나서 전화드렸더니 금방 방문해 주셨다.
 추천받은 골프 장비인 드라이버, 우드, 유틸리티, 아이언 세트, 퍼터, 골프가방 등의 장비를 부부 풀세트로 구입했다. 많은 돈이 들었지만 만족해하는 아내의 모습에 마음 한 편에는 미안한 마음도 들었다.
 젊은 시절, 식구 많은 집에 맏며느리로 시집을 와서 온갖 고생을 다 했는데, 이제라도 자신이 하고 싶었던 것을 건강할 때 하고 싶다는데 주저할 이유가 뭐가 있겠는가?
 구입한 금액이 다소 얼굴색이 변한 것도 같았지만 즐거운 마음으로 결재했다. 아내가 만족해 하는 모습을 보니 내심 마음이 조금 놓인다.
 내가 이제까지 살아오면서 느꼈던 행복이란 단어가 무색

할 정도로 아내의 행복해하는 모습을 보았다.

 행복은 멀리 있는 것이 아니라 가까이에 있고 늘 마음속에 있다는 진리를 깨닫는 순간이다. 이 행복이 항상 유지되도록 서로 배려하고 존중하며 생을 마감하는 날까지 지속되기를 바라면서 가보 같은 골프채 한 쌍을 차에 싣고 집으로 돌아오는 길이 너무 기쁘고, 감사하고, 행복했다.

 크지는 않아도 항상 감사하고 가족을 최우선으로 생각하는 아내의 정성과 사랑 앞에 다시금 존경을 표하고 싶다. 서로를 염려하며 좋은 추억을 간직하며 건강을 챙기고 오래오래 행복하게 살아갈 것을 다짐해 본다.
 내일 일은 어떻게 될 지 아무도 모르기 때문에!

골프기행(아리지CC를 가다)

　2023년 9월 21일. 골프연습을 시작한 지 6개월 보름이 지난 시점에서 다년간 골프 운동을 해오신 경험이 풍부하신 지인 부부님께 동반하여 도와줄 것을 요청하였다.

　흔쾌히 허락해 주셔서 2023년 4월 15일에 꿈에 그리던 필드에 머리를 올리러 여주 가남에 있는 아리지 CC로 출발했다. 가는 동안 봄비가 부슬부슬 내려서 혹시 골프 진행이 안 되면 어쩌나 걱정하며 골프장에 도착했다.

　골프장에 도착하니 가이드가 차량 트렁크에 있는 클럽 가방을 챙겨 카트로 이동시켜 주셨다. 프런트에서 예약을 확인하고, 체크인을 한 후, 라커룸에서 라커를 배정받아서 옷을 갈아입고 나왔다.

　시간이 조금 남아서 골프장 식당에서 간단히 주꾸미 비빔밥으로 점심 식사를 마쳤다.

　식사를 마치자마자 곧바로 카트차로 이동하여 햇님 코스로 향했다. 난생처음 골프장에 발을 딛고 첫 티샷을 날리니 만감이 교차하는 순간이었다.

　역시 첫 티샷이 잘 맞지 않았다. 너무 긴장하여 힘이 들어

간 것 같다. 걱정이 조금 앞섰다. 3~4홀이 지나자 조금씩 감이 잡혀서 적응하여 자신감이 붙었다. 안타까웠는지 캐디님이 티샷 시 핀을 너무 높게 하지 말라고 조언을 해주셨다. 조언에 힘입어 티샷을 했는데 적중했다. 무난하게 즐기면서 전반 9홀을 마쳤다.

잠깐 그늘막에서 휴식 시간이 있었으나 미숙한 우리 부부를 위해 배려하느라 시간이 지체되어 화장실 용무만 간단히 보고 빠른 진행을 위해 후반 달님 코스로 이동했다.

날씨도 점점 좋아져서 햇살도 조금씩 비추었다. 앞서가는 팀도 없고, 뒤따라 오는 팀도 없어서 개인 골프 전용장을 이용하는 기분으로 편안하게 18홀을 마쳤다.

골프를 마치고 샤워를 하고 환복한 후, 골프장 인근에 있는 닭갈비 식당에서 수육 한 접시에 막국수와 지평 막걸리 2병으로 간단하게 하루의 피로를 달래고 귀경길에 올랐다.

오며 가며 손수 운전해 주시고 우리 부부에게 노하우 전수를 해주신 방 사장님. 이 여사님 부부님께 정말 감사의 말씀을 전해드립니다.

함께하며 동행하여 주신 덕분에 저희 부부는 즐거움이 배가 되는 가운데 행복한 골프를 할 수 있어 너무 좋았습니다.

이번 골프 필드 체험을 통해서 느낀 바는 현장과 스크린 연습장은 확연히 다르다는 것을 알았습니다. 요점은 연습으로 스윙 한 번을 하더라도 제대로 어드레스 하여 정확한 타격법을 익혀야겠다는 생각을 해 봅니다.

  끝으로 이렇게 좋은 기회를 마련해 주고 함께한 우리 집사람에게도 무한 감사를 드리며 기량을 갈고닦아 다음에 멋진 샷을 기대하며 이만 줄일까 합니다.

  감사합니다.

– 2023년 4월 15일. 봄날에

개다래 충영주를 담그며

몇 년 전, 발가락이 붓고 칼로 살을 도려내는 듯한 심한 통증으로 잘 걷지도 못하고 불편해서 신도림동에 있는 베스트 정형외과를 진료차 방문한 적이 있다.

혈액검사 결과로 요산 수치가 높게 나와서 통풍 판정을 받았다. 다른 사람들이 통풍이 있다고 하면 웃어넘기며 그게 무슨 병이냐고, 병도 아니라고 이야기 한 적도 있었다.

막상 내가 겪고 보니 통풍을 쉽게 생각하면 안 되겠다는 생각이 앞선다.

통풍이 발병하면 음식물을 섭취할 때 식생활 관리는 물론, 꾸준한 유산소 운동과 금주 등. 본인의 의지가 선행되어야만 호전될 수 있는 고약스러운 질환이다. 완치가 어렵고 더 이상 요산 수치가 올라가지 않도록 약을 복용하며 자기 관리를 꾸준히 해야 한다.

엉덩이 주사와 1주일 분의 약을 처방받고 집에 오는 길에 묘한 감정을 느꼈다. 두 차례에 걸친 진료를 받고 자이로릭 정 1개월분을 받아 복용하였다. 매일 2만 보 이상 유산소 운동도 병행하였다.

조금 호전되어서 발걸음이 상쾌하였다.

다 나은것 같은 착각에 빠져서 치맥과 참치, 동물 내장탕, 버섯요리 등. 통풍에 좋지 않다는 음식을 가리지 않고 섭취하였더니 1년 만에 다시 통풍이 재발하였다.

잠시 방심하였던 것이 주요 원인이었다. 인터넷에서 통풍 관련 지식 정보를 찾아보고, 어떤 좋은 방법이 없을까 하며 이것저것 네이버 정보를 열람하던 도중 '개다래 충영'이 눈에 들어왔다.

벌레들이 개다래 열매 안에 알을 낳으면 변형된 벌레혹이 생기는데 이것을 '개다래 충영'이라고도 하고, '목천료'라고 부르기도 한다. 약초 도감에 중풍 마비, 통풍, 복통, 관절염, 냉증, 오한, 감기, 변비에 특효약으로 사용된다고 기록되어 있다.

개다래 충영 자생지는 500고지 이상의 높고 깊은 산속의 청정지역에 자생하는 덩굴식물로, 7월 중순부터 8월 하순까지가 채취하기에 적기이다.

건재를 사서 차로 끓여 먹을까? 엑기스 효소를 주문하여 물에 희석하여 음용할까? 아니면 생재를 구입하여 담금주를 담가 하루 1~2잔 약술로 마실까? 만감이 교차했다.

그래서 나는 결정했다.

시기적으로 개다래 충영 수확시기가 7월중순에서 8월하순인 점을 감안하여 개다래 충영을 생약재로 구입하여 술을 담아 마셔 보기로 결정하였다.

생약재 3kg을 인터넷으로 주문하였는데 성의있게 아이스박스에 넣어 잘 배달해 주셨다. 맑은 물로 깨끗이 세척해서 담금주 35도의 술에 3:7 비율로 술을 담궜다. 5리터 병 2개의 용기에 1.5kg씩 두 개로 나누어서 술을 담아 밀봉하였다.

3년을 기다려야 하는 인내가 필요하지만 아픔을 치유할 수 있다면 3년이 아니라 30년이라도 기다릴 것이다.

배우자의 성화가 예전 같지 않았다. 강력하게 주문을 한다, 잘못된 음주습관에서 비롯됐다는 의견이다. 틀리지 않은 옳으신 말씀이다.

문제는 나 자신에게 있는 것이다. 남 탓은 하지 않으련다. 무엇이든 도가 지나치고 분수에 넘치는 행동을 하면 화를 입게 되는 법이다. 이제부터는 술에 대한 나의 생각을 조금씩 정리해 보며 살아가야 할 시기인 것 같다.

좋은 충영주를 약으로 잘 복용하고 예전처럼 활력 넘치는 건강한 모습으로 다가오는 노년 생활을 맞이해야 하겠다.

가끔 아려오는 발등을 어루만지며
건강하고 행복한 삶을 꿈꾸며

- 2023년 8월 27일에

노란 은행잎 위를 걸으며

내가 사는 서울 구로구 신도림동 동네 아파트 길목에는 노란 은행잎이 수북이 쌓여서 그 위를 걷고 있노라면 나도 모르게 시인처럼 사색에 잠기곤 한다.

노란 은행잎은 징코라이드 및 진놀, 플라보노이드 성분이 다량 함유되어 약용으로 널리 쓰인다. 추출물을 통해 혈관 질환 예방, 항산화 작용, 뇌 건강, 항암작용, 기관지 건강, 당뇨 개선, 집중력 향상, 피부 건강 등에 주로 이용된다.

은행 열매 또한 껍질을 벗겨서 은행알을 깨끗이 씻어 설탕과 1:1비율로 혼합하여 항아리에 넣어 놓고 20여 일 동안 종종 저어서 1차 숙성 시킨 후, 3-6개월 정도 지난 후에 은행을 건져내고 1년 이상 2차 숙성을 거치면, 젖산균, 효모 등 유익한 균들이 다량 생긴다. 1:5비율로 물에 희석하여 하루 2~3잔 정도 마시면 항산화, 항암에 도움이 되며 혈액순환을 촉진시켜 성인병 예방에도 좋다고 알려져 있다.

열매를 구워서 섭취 할 시에는 하루에 10개 이상을 초과해서 먹으면 부작용이 있을 수 있으니 적당량을 섭취하여

야 한다.

은행잎은 싱싱한 푸른 잎을 사용해서 따뜻한 물로 깨끗이 씻어서 살짝 볶아 썰어서 말린 후, 통풍이 잘 되는 그늘진 곳에 보관하였다가 말린 잎 5장에 물 300ml 비율로 뜨거운 물을 부어 30분 정도 우려내서 차로 하루 1회 마시면 건강에 좋다고 한다.

이 모든 것들이 사람이 세상을 살아가는데 삶의 이치를 더해 준다.

호사유피(虎死留皮) 인사유명(人死留名)이란 고사성어가 있다. 호랑이는 죽어서 가죽을 남기고, 사람은 죽어서 이름을 남긴다는 뜻이다.

사람은 태어나서 모름지기 사람답게 살다가 자기 이름 석 자에 책임을 지고 명예롭게 살다가 가야 한다는 교훈이다.

산길을 걷다 보면 따뜻한 양지 녘에 푸른 소나무를 병풍처럼 두르고 묘지를 잘 꾸며 놓은 곳이 있다. 묘비에 이름을 새겨서 후대의 자손들에게 자신이 세상을 어떻게 살다 갔는지를 묘비에 새겨진 내용을 통해 알 수 있도록 하는 것이다. 우리의 인생을 어떻게 살아야 하는지, 어떤 모습으로 세상을 살다가 작고 해야 하는지를 잘 알려주는 것이 묘비명이다.

노란 은행잎도 우리의 인생길에 비추어 보면 별반 다르지 않다.

봄에 움을 틔우고, 무성한 숲을 이루어서 무더운 여름 날에는 사람과 새들의 시원한 안식처로 자리를 내어주고, 생명을 다해서는 아낌없이 자신을 약재로 활용토록 하며, 마지막에는 남아있는 모든 것을 바쳐 밑거름이 되어 자양분으로서의 역할을 다 한다.

우리 사람들도 살아가는 동안, 마음과 정성을 다해 인간사회의 지상낙원에서 빛과 소금의 역할을 다하며 살아야 할 것이다.

이러한 환류 작용을 통해 부메랑처럼 되돌아오는 것이 인생사 임을 다시금 느껴보며 은행잎을 밟으며 걸었던 사색의 시간이 마음속에 여운을 남긴다.

닮은 사람의 모습

2023년 12월 어느 날.

퇴근길의 지하철에서 내려 집으로 향하는 길에 신도림동 테크노마트 지하상가 통로에서 마주 걷던 사람과 우연히 스쳐 지나가다가 둘이 동시에 '어'하며 멈춰 섰다. 중년의 준수한 용모에 친근감이 배어 있는, 첫인상이 무척 좋아 보이는 남성분이었다.

"혹시, 저 아시는 분이세요?" 하자, 어디서 많이 뵌 적이 있는 분 같다며 알듯 말듯 한 표정으로 고개를 갸우뚱하기에, 쓰고 있던 마스크를 벗어 얼굴을 확인시켜 주었다. "제가 아는 분과 너무 닮아서요" 라고 하였다. 그러면 혹시 어디서 만난 적 있는 것 같다고 하며 하시는 일이 무엇인지 물어 보았다. 그분은 행정사 일을 한다고 말했다. 그래서 나도 경찰 공무원이라고 이야기했다.

알고 보니, 서로 닮은 모습때문에 가던 길을 멈춰서 초면의 사람과의 만남이었다. 서로 "실례했습니다." "죄송합니다." 라는 말과 함께 "좋은 시간 보내세요." 라고 말을 남긴

채 각자의 길을 갔다.

 돌아오는 길에 '나와 비슷한 사람이 있나 보네' 하고 스스로 멋쩍은 웃음을 지었다. 상표를 도용한 느낌 같은 것도 약간 느꼈다. 그러면서 나와 비슷한 사람이 있다면 그분이 정말 아름답게 세상을 살아가는 사람이었으면 좋겠다는 생각을 했다.
 모든 사람들은 어느 누군가의 표상인지도 모른다. 태어날 때 부모님을 빼어 닮으면 '꼭 판박이 붕어빵이네.' 하고, 하는 행동이나 모습을 보며 '다른 건 속여도 피는 못 속인다'고 한다. 그만큼 부모님의 유전자를 받고 태어났기 때문이다.

 사람들이 진정으로 알아야 할 더 큰 모습이 있다. 적어도 세상을 살아가면서 우리 사람들은 하느님의 표상이라는 사실이다. 하느님을 닮은 모습으로 세상을 살아가는 것이다.
 부모형제를 사랑하듯 이웃을 사랑하고 나눔 생활을 실천하며 살아가는 것이 하느님 모습을 닮은 표상으로 살아가는 것이 아닌가라고 느끼고 꼭 그렇게 살아야 할 것이다.

 생각을 하며 걷다 보니 어느새 집에 도착했다. 하루의 일과를 되새겨 보며 오늘은 하느님을 닮은 모습으로 하루를 잘 살았는지, 잠시 자성의 기회를 가져본다.

항상 부족함이 많기에 기도로서 빈 공간을 채우며 하느님을 닮은 사람으로 세상을 살아갈 것을 다짐하면서 잠을 청해 본다.

정월 대보름날을 맞이하며

오늘은 우리 민족의 세시 풍속인 정월 대보름날이다.

전날 야간근무를 마치고 피곤함도 잊은 채 안양천 주변 워킹에 나섰다. 아직 쌀쌀한 날씨였지만 토요일인 휴무일이어서인지 운동을 열심히 하는 사람들이 많았다.

오목교 아래에서는 양평 1동 주민 정월대보름 맞이 준비가 한창이다.

주간에는 주민화합 잔치를 위해 척사대회 준비를 하는 모습이다. 다른 한편에서는 행사에 빠질 수 없는 먹거리 장터가 열려 분위기를 더하고 있었다. 부침개, 산채나물 비빔밥, 떡볶이, 어묵, 순대, 국수 등 서민적인 음식들이 준비가 한창이다. 여기에다 귀밝이술, 동동주, 막걸리가 준비되어 길 가는 나그네의 발길을 멈춰 세운다.

다른 한쪽에서는 밤에 불을 밝혀서 소원을 빌 모닥불 봉탑을 설치하여 놓고 있었다.

금년 한 해에 무병장수하며 좋은 일이 있기를 소망하려는 정겨운 모습이다.

안양천 신정교 건너편 목동 쪽에서도 텐트를 한가득 치고 고유의 민요를 부르며 노래자랑이 한창이다.

모두가 정월대보름이 가져다주는 전해오는 풍류를 즐기고자 하는 설렘일 것이다. 요즘처럼 삶이 각박하고 힘든 시기에 이 정도 이벤트라면 서러운 마음을 달래기에 섭섭하지 않을 거라고 생각해 본다.

어린 시절의 추억이 떠오른다.

아침에 일찍 일어나는 사람이 내 더위를 타인에게 팔기도 했다. 시골 산골이라 청솔가지를 산에서 베어와 삼각으로 기둥을 세우고 안과 주변에는 볏단을 이용해서 불이 잘 타도록 모닥불 망우리 봉탑을 만들어 놓는다.

빈 깡통을 주워 모아와서 못과 망치로 구멍을 뚫어 바람이 잘 통하도록 하고, 양쪽에 가는 철사 줄을 3~4m 정도 늘어뜨려서 저녁에 모닥불이 타면 소원을 빈다. 타고 남은 불씨를 깡통에 담아 깡통을 돌리며 논두렁 등에 불을 놓는 쥐불놀이를 하며 놀곤 했다. 여러 명이 불 깡통을 돌리면 하늘에서 혜성이 떨어지는 듯한 기분도 든다. 이 놀이는 주로 어린이들의 놀이였다.

어르신들은 사물놀이 농악 복장을 하고 꽹과리, 징, 장고, 벅구를 이용하여 농악대를 구성하여 집집마다 가가호호 방문하며 한바탕씩 놀아준다. 한 해의 액운을 몰아내고 좋은 일만 가득하기를 바라서이다. 농악이 끝나면 집주인은 술상을 차려와서 귀밝이술 한 잔씩을 권하며 감사의 표시로 찰밥과 나물 등을 찬반 광주리에 넣어준다.

농악이 끝나면 거두어온 찰밥 등 음식을 나누어 드시면서 금년 한 해 마을의 숙원사업들을 이야기하며 성공을 기원한다.

한 해의 중요 행사 50% 이상이 연초에 몰려 있다. 설날 명절에는 음식을 차려서 차례를 지내며, 조상님들의 은덕을 기리고, 어른들에게 세배를 하고 덕담도 들으며 한 해를 다짐한다.

또한 이 시기에는 봄을 알리는 입춘 절기가 있다. '봄이 시작되니 크게 길하고 경사스러운 알이 많이 생긴다'라는 뜻이 담긴 입춘대길(立春大吉) 건양다경(建陽多慶)이라는 부적의 한자를 큼지막하게 써서 대문 또는 방문 밖 양쪽에 대각으로 붙여 놓고 한 해 동안 무병장수하기를 소망한다.

정월 대보름 역시 그런 맥락에서 맞이하는 우리 민족 고유의 세시 풍속이라고 생각한다.

사람은 누구나 편안하고 아프지 않고, 건강하며 행복하게 살기를 희망한다. 이러한 바램은 크게는 살기 좋은 대한민국, 살기 좋은 내 고장 등의 문구로 낯설지 않게 자주 접할 수 있다.

나 역시도 마음 한켠의 소원을 빌어본다. 금년 한 해 운수

대통하고, 만사형통하고, 의사소통하며, 가족 모두가 건강하고 행복하기를 빌고 싶다.

   나아가서 한국 사회에 살아가는 모든 이가 행복해질 수 있는 나라가 되게 해 달라고 달빛에 소망하며 잠을 청해본다.

- 2024년 2월 24일 정월 대보름날에

딸 결혼식 부모님 덕담

안녕하십니까? 신부 아버지 김정훈 인사 올립니다.

먼저 오늘 결혼식을 빛내 주시기 위해 코로나 질병 확산의 부담에도 먼 길 마다하지 않으시고 참석하여 주신 양가 친지분들과 하객 여러분들께 깊은 감사의 말씀을 올립니다.

또한 아들을 듬직하고 훌륭하게 키우셔서 사위로 맞이하게 해주신 사돈 어르신께도 감사의 말씀을 올립니다.

특히나 저희 자녀들이 주례 없는 결혼식을 준비한다는 말을 전해 듣고 어떤 덕담을 전해 주어야 할지 나름 고민도 해 보았습니다.

세상만사가 다 거기서 거기고 정답은 없습니다만, 보람되고 행복하게 살아갈 수 있도록 오늘 새로운 인생을 출발하는 우리 사위와 딸에게 부모로서 인생의 선배로서 몇 마디 들려줄까 합니다.

인륜지대사인 결혼은 인생에 있어서 참으로 소중한 출발이란다. 인생은 연습이 없기 때문에 가치 있고 보람되게 후회 없이 살아야 한다.

가장 먼저, 화목한 가정을 이루기 위해서는 서로 사랑하여야 한다.

가식 없는 사랑을 해야 한다. 좋은 것은 물론이지만 아픔까지도 모두 다 사랑해야 한다. 그러기 위해서는 서로 신뢰하는 삶을 살아야 한다. 이러한 사랑도 건강을 통해 이루어진다. 건강을 잃으면 모든 것을 다 잃기 때문이다.

둘째는, 서로 존중하고 배려하는 마음이다.

지금 이제껏 책으로 머리로 살아왔다면 지금 이 순간부터는 생각으로 마음으로 살아야 한다. 서로 다른 환경에서 자라 하나가 되다 보면 부딪치는 일도 있고 좋은 일 궂은일이 많이 생기게 되는데 이때마다 서로 배려하고 존중하는 마음이 앞서면 아무런 문제 없이 세상을 살아갈 거라고 생각한다.

사랑은 주어지는 것이 아니라 만들어 가며 사는 것이다.

셋째는, 서로 협력하는 동반자의 삶이다.

매사에 긍정적인 사고로 어려운 난관을 극복할 수 있는 삶의 지혜를 모아가며 부부가 일심동체가 되어서 서로에게 힘이 되어 주고, 지금 이 순간 다짐한 마음을 한결같이 인생을 다하는 날까지 영원히 잊지 않아야 한다.

가정은 함께 이루어 나가는 오케스트라 연주와도 같은 것이다.

가정사에 있어서도 내가 더 희생하고 봉사한다는 마음가짐으로 서로 위하고, 가장 힘들고 비참할 때에도 변함없는 내조와 사랑으로 힘과 용기를 갖고 살아갈 수 있도록 협력해 나가는 삶을 살길 바란다.

다음으로 하고싶은 말은, 사회에서 필요한 사람으로 살아 주길 바란다. 훌륭하지 않더라도 훗날 자녀 앞에서 부끄럽지 않은 존경 받는 부모가 될 수 있도록 인간미 넘치는 삶을 살아 주길 바란다.

끝으로 서로 사랑하며 아들딸 잘 낳아 기르고 행복하게 살아 주는 것이 부모에게 효도하는 길이다.

이상의 몇 가지를 덕담 삼아 전하였는데, 마음에 잘 새기며 살아 주길 바라며, 앞날에 행복한 가정 잘 이루고 꽃길만 걷기를 늘 기도하고 응원한다.

우리 딸 수영이와 우리 사위 현식이가 한 가정 이루게 됨을 축하하고 사랑한다.

2부
김정훈
나의 시

사랑받고 싶은 날

사랑받고 싶은 날,
난 그대의 손을 다소곳이 잡고 싶소.
허무하고 텅 빈 마음에
달콤한 단비를 뿌려주고 싶으오.

위로받고 싶은 날,
난 그대에게 내 마음의 전부를 주고 싶소.
어둡고 외로운 인생길에
커다란 마음의 등불이 되려 하오.

만나고 싶은 날,
난 그대에게 따뜻한 차를 한잔 권하겠소.
티 없이 맑음 웃음에 개똥철학 읊조리며
그대를 향한 마음의 의사가 되고 싶으오.

하나가 되고 싶은 날,
내 영혼을 그대 머리맡에 묻고
난 그대의 품 안에 안겨
삶의 보금자리를 마련하려 하오.
언제까지나!
언제까지나!
언제까지나!

소쩍새

시원한 그늘도 아닌
양지 녘 산언저리에서
여름 한낮 뙤약볕 쬐어가며
한 서린 목청 소리 드높아라.
소오쩍! 소오쩍! 소오쩍!
죄업의 속죄인가! 비명에 간 한풀이 인가!
소오쩍! 소오쩍! 소오쩍!
적막한 산골을 헤매이며
구슬피 울어 대느뇨?

뉘라서 막으리오.
뭇 아낙의 한 맺힌 사연
근천스럽게도 뇌까리는
구구절절 그 목소리 애닳구나.
소오쩍! 소오쩍! 소오쩍!
견디다 못해 비명에 간 억울한 사연 알리기 위함인가!
소오쩍! 소오쩍! 소오쩍!

산도 울고, 물도 울고, 풀도 울고. 흙도 우옵네다.
만물이 우옵네다.
구천을 맴도는 넋을 위로하듯
저녁이슬 풀잎가에 사뿐히 내려 앉을 때까지…….

눈뜬 이른 아침의 환희

한 번도 간 적 없고
한 번도 온 적 없지만,
노상 드나들던 곳
오늘도 문을 나서
마구잡이 길을 간다.

때로는 날고, 떨어지고, 나뒹굴고,
천사도 되고, 거지도 되고,
이역만리 머나먼 길
피로한 여정을 마치고
다시금 문을 두드린다.

눈 뜨면 기쁠까? 슬플까?
마치 아무 일 없거니 하고
조심스레 눈을 떠보는
이른 아침.
산새들은 지저귀고

새벽안개

천지를 고요 속에 잠재우며
메마른 대지 위
무드의 파문을 헤집어
생명의 잔구슬을 알알이 선사하고
말없이 떠난 야속한 당신.

가까이에서 만나고 싶고
어루만져 보고도 싶었지만
먼발치에서만 만날 수 있던 당신
그대는 여명의 선봉장, 구름과의 친구
빛과의 만남을 꺼려 하던 당신

행여 있을세라!
곤한 몸에 뒤척이다 늦잠에서 깨어나면
이미 물 건너 손자 잃은 할머니인 양
산마루 턱에서
아쉬운 미련에 자못 고뇌하다
울다 지쳐 유유히 사라졌던 당신

당신을 만나기 위해
오늘 일찍 잠을 청해 봅니다.
당신과 함께하는 새벽이 항상 좋아서요.

내 마음의 고향

내 마음의 고향은 어디 멜까?
설레임에 전율하던
철없던 시절에 꿈꾸던 이상향일까?

운명 아닌 문명의 노예가 되어
겹겹이 물들어버린
아득한 삶의 어디 멜까?

하지만 젊은 날
잊혀져 가는 마음의 고향 그리며
순수한 열정에 열심히 살았다.

간 밤 꿈길 속
나는 내 마음의 고향을 보았다.

지금도 뇌리를 스치우는
찌들지 않는 삶의
추억의 모둠 모둠이
아련하거늘

행복맞이

만나는 사람 사람
아 그 사람
믿음이 있고 입이 무거우며
우리에게 꼭 필요한 사람
입담에 오르내리기를
게을리하지 않는 찰나

진실

강렬(强烈)한 맥박(脈搏)이
교감(交感)을 더해 살아 숨 쉴 때

비단길 유혹 눈길 돌려
남 몰래 지샌 인고(忍苦)의 세월

삶 그대로의 실체(實體)
앓던 벙어리 냉가슴 녹아 내려

가슴 한 울안 서려진 미진(微塵)
광채 없는 기염(氣焰)의 입흘림

만남

익살의 물꼬를 튼
허울 없는 입김
구수한 말 이음새
텅 빈 마음 텅 빈자리
한 가닥 피어오른
만남이란 즐거움

해악을 드리운 말꼬리
눈동자를 두루 모으게 하고
애매이던 간장을 녹이고
편안하게 채워진 믿음 앞에
소담스럽게 피어난
아름다운 만남이여!

이별

날 밝으면 떠날 님
발길을 붙들어 매어봅니다.
한번 떠나면
영영 못 올 것을 알기 때문입니다.

받는 기쁨보다
주는 마음을 고이 간직한
사랑의 미덕 듬뿍 담은 이미지 깊은 당신
이제는 꿈속에서나
만날 수 있겠지요

보고파 눈물이 나더라도
꾹 참고 견디어 보렵니다.
기약 없는 꿈길 속
미련한 기다림으로…….

들꽃

알아주는 이 없고
반겨 주는 이 없는 노들강변에
귀티 없이 천박하게 나뒹굴며
꾸밈없이 하찮게 피어난
이름 없는 꽃

밤이슬에 기운 차려
근근이 생면부지 하던
생명의 존귀함을 다시금 일깨운 너

실오라기 미풍에도
부들부들 떨며
잎새마다 눈물방울 맺히던 너

애틋한 마음 추스르며
마디마디 상처 딛고
얼 새겨 꽃망울 터뜨릴 제

이름하여 들꽃
피우리라! 피우리라!
한없이 꽃을 피워보리라!

눈꽃

눈부심에 광채를 더해
눈동자를 현란케 할 때
무심코 초점 잡아
애써 맞추려 했던 시선

스산한 풍설의 나부낌으로
은빛 구슬 수놓아 가며
바라볼 수 없는 광채로
난무하는 너의 회오리

기대어 몸 가누워 잉태할 제
신비의 영롱 듬뿍 머금은
눈꽃의 아름다움이여!

정

정 위해 살라시면
님 위해 기꺼이 마다하지 않으리
묻어 둘 수밖에 없는 전날의 치부
마음을 삭히운 채
정든 만큼 님 위해 살고 싶소

교태스러운 춘풍의 유혹
밀밭 아낙의 구슬픈 권주가
외면한 색깔 없는 순수한 마음

스산한 바람에 나부끼는 낙엽
터 잡아 사뿐히 내려앉는 가을밤
감성 젖는 초연해지는 쓸쓸함으로
가슴 조일 때

이제 오시려나
불 밝힌 그리운 님 맞이
풍설이 나부끼는 긴 겨울밤
두 손 모아 그대 행복 빌어 주며

정으로 맺은 인연
정에 살고!
정에 지고!

고뇌

목청 올린 분노의 함성 고요 속에 묻고
별 드리운 밤하늘 샛별의 광채가 빛을 더해 유난히 빛나고
삼경 지새운 귀뚜라미도 울다 지쳐 지루함을 달랠 때
엄습해 오는 무거운 짓눌림!
꼬리를 문 숨 가쁜 긴 시름!
속절없는 마음 애상에 잠겨 멎을 길 없는 시각

님 가신 뒷자리 매만지는 손끝에
가늠길 없는 서러운 마음의 정서
새벽 찬바람 멋쩍은 향연의 기류에 기운 차린 시각
교회의 새벽 종소리 귓전에 맴돌고
밤새운 번뇌 눈시울을 붉히우고
끝없는 방황의 사슬 헤아릴 길 없는 슬픈 운명
합장한 두 손의 떨리움 눈가엔 눈물이 괴고.....

여울목

바라다 보라!
바라다 보라!
갈채하던 지난 추억 허공에 날리우고
나도 모르고 너도 모른
우리네만이 아는
삶의 여울목
그곳에는 더 함도 덜 함도 없다.

움을 트라!
움을 트라!
겻껍질 훌훌 턴 태양을 향한 기지개
긴 나래를 드리운
희망의 여울목
그 곳에는 거지도 천사도 없다.

술잔속에 비춰진 나의 영상

술 따라 잔 따라 삶을 노래합니다.
입가에 씁쓸한 미각을 견주어 보며
다음 삶의 노래를 위해 다시금 빈 잔을 채웁니다.

잔 가득 채워진 그 위로
기쁜 파도 슬픈 파도 번갈아 뱅뱅돌이
펼쳐지는 상상 속의 줄다리기
문득 술잔 속에 비추어진 자화상을 봅니다.

앉은 자리 오가던 부담 없는 입담의 경매
연거푸 비우고 또 채우는 잔의 연쇄
잔의 의미 그 속에 비친 내 모습
놓털카찡뛰웃스 *

다음의 아름다운 삶을 위해 또 다른 노래를 부릅니다.
어느새 근심은 사라지고!

* 놓털카찡뛰웃스 : 건배잔은 놓지 말고 , 털지말고, 카 소리 내지말고,
  찡그리지 말고, 뛰지말고, 웃지말고, 스무스하게 마셔야한다.

공간의 삶

당신이 채울 수 없는 공간이라면
본디! 그 자체 그 모습 그대로
내버려두세요.

채워지지 않고
채울 수 없는 공간의 신비
때 묻지 않은 순수함 그대로
내버려두세요.

빈 곳을 채우기 위한 핏빛 희생
공허의 메아리 속에 흩어지는 조각 삶의 잔해들
순수함의 소중함을 알았을 때
이미 늦음을 알았다.

애당초 채우지 말았어야 할
우리에게 소중한 일면의 양심
어차피
인생은 공수래공수거인 것을……

그리운 님

뱃사람 바다 그리웁고
뭍사람 산 그리워 할 제
용솟음치는 한없는 그리움에
먼발치 서서 외롭게 지켜보던
님의 모습 아련커늘

사랑을 더함에 있어
아픔과 이별의 공간까지도
함께 하기를 마다하지 아니한
님의 정성 생생커늘

산사의 나지막한 풍경소리에 놀라
푸드득 나는 산꿩처럼
기약 없이 떠나가신 님 행복을 빌어 볼 제

밤길 천 리
꿈길 만 리
사무치는 끝없는 그리움
고뇌를 잠재우는 밤 사색의 뜨락에서

한없는 마음으로

산누에 꽁무니 틀어 명주실 품고
산새와 들꽃 어우러진 곳
미풍 따라 흐르던 님의 자취
인적 없는 초야에 누웠는가! 잠자는가!

겹겹이 고난의 틀을 등에 업고
분주한 삶의 미로를 맴돌다 지쳐버린 너
현란한 촉광의 기대감도 공허 속에 메아리치고
가눌길 없는 심오한 마음 너를 잃기에 충분했다.

이정표 없는 푸른 창공에
솜털 구름 흩날리는 로켓처럼
쉴 새 없이 창공을 누비는 바람개비처럼
오늘 하루, 푸른 하늘을 한없이 날고 싶다.
오늘 하루, 푸른 하늘을 한없이 날고 싶다.
그렇게 살고 싶다. 그렇게 살고 싶다.
한없는 마음으로 .....

일장춘몽(一場春夢)

열광(熱狂)
대지(大地) 현란(眩亂) 함도
황량(荒凉) 함을 달랠 즈음

우두커니 치솟은
욕망(慾望)의 그림자
뉘라서 거두리오

찬서리 비켜선
여울진 멍울
쓰다듬는 님의 손길

허공(虛空)에 날리운
부질없는 꿈
한 조각의 낙엽(落葉)인 것을!

나의 존재

나를 찾기 위해
방황의 노래를 불렀다.
아무리 불러도
나의 찾음은 없었다.

나를 찾기 위해
정처 없이 길을 걸었다.
걸어도 걸어도
내가 찾는 길은 없었다.

나를 찾기 위해
끝내 마음을 비웠다.
비워도 비워도
남음이 있는 것은
나의 존재일까?

삶

하늘엔 뭉게구름
잎새마다 속삭임
허공을 가르는
외기러기 날갯짓

당산 마루 언덕배기 올라
긴 한숨 내쉬는
어느 노파의 숨결처럼

분주한 삶의 굴레
그 속에서 지새온 인고의 세월
끝없는 감사와 행복, 그리움, 아쉬움

눈앞에 펼쳐질
미래의 선상
순수한 열정에
또 다른 기다림으로!

향수(鄕愁)

날이 새는 길을 따라
문을 나서 굽이굽이 산길 돌아
하늘 아래 달동네
두메산골 내 고향 월운리

낮달 부끄러워
바위틈에 몸을 감춘 박쥐며
선잠에 깨어 소스라치게 놀라며
줄행랑을 치는 산토끼
생각만 해도 정겨움이 넘치는 곳
나의 고향

어머님의 품 안처럼 언제나 푸근한 곳
정자나무 아래 마음을 묻고
깊은 상념에 잠기노라면
뇌를 스쳐가는 덧없는 세월

발 걸음을 재촉함에
석양의 돌부리는 나의 마음을
갈대 숲에 매이게 한다.
다시금 가고 싶다.
정겨움이 넘치는 그곳 날이 새는 날에!

바람부는 잎새의 사슬

살아있다는 숨소리를 들려준 소중한 잎새
새벽이슬 머금으며 생면부지하고
주자 없는 차세대를 꿈꾸던 너의 이상
천군만마를 얻은 듯 사기충천하던 너의 기백
무성한 녹음으로 서려내려 기세 당당하던 너

여름 광풍에도 아랑곳 하지 않던 너
말 없는 세월과의 전투에서 대자연의 섭리는
너를 피로 붉게 물들였고 그 앞에 무릎을 꿇었다.

밀려오는 어둠, 갈 곳 없는 나그네 신세
길모퉁이 나뒹구는 초췌한 모습
너를 지켜줄 이 더 이상 없고
살아있는 모든 사물로부터 짓밟힘 속에서
너는 이제 한 줌의 흙으로 돌아가야 한다.

인사 없는 작별을 맞이하여야 하는 너와 나
나는 너를 잊을 수 없다. 초라해도 좋다.
나는 너의 곁에 머무르고 싶다.
낙엽이라는 이름으로 바람이 부는 날까지…….

님 오시는 강

풍랑 잔잔한 세월의 강에
은은한 선율이 흐르는 까닭은
아마도 세월의 강을 건너
그리운 님 오시려나

옛 추억의 언저리 매만지다
기다림에 지쳐버린
무심한 삶의 조각 잔해들
세월의 강은 말없이 달래주려 하네

반갑게 맞이하리 그리운 님
추억의 파노라마 악보에 달아
애타는 그리움의 노래를 부르리
님 오시는 세월의 강가에 서서

고향(故鄉)

고향에 몸을 매니 마음이 평안하다.
나뭇짐을 지고 오르내리던 오솔길이며
물고기 잡던 시냇가 고향의 흙냄새
모든 것이 낯설지 않다.

타향살이 덧없는 세월을
마을 모정 앞 느티나무가 말해 주었다.
언제 와도 반겨주며 정겨움이 넘치는 곳
고향이 나는 좋다.

먼 훗날 고향 그리울 때 생각해
고향의 향수를 마음껏 묻혀 가고 싶다.

맑은 물 시원한 바람
무릉도원이 따로 어디 있으랴
고향은 나의 영원한 안식처인 것을!

창공(蒼空)

삼라만상의 가운데 우뚝 선
천지를 일깨우는 개벽의 창
인간과 우주를 연결하는 실크로드
무한하고 광활한 푸르름

만경창파 수심보다
곱게 그려진 채색된 그림 빛 보다
파초의 꿈 간직한 낭만파의 가슴보다도
더 진한 감동의 푸르른 파노라마

버거운 삶의 무게를 줄잡아
푸르른 나뭇잎 새로 사뿐히 내려앉아
이슬을 머금는 고독한 장군의 작은 떨림
생명 다한 고목나무에 속삭이는 푸른 창공

대통령 표창장 동판 제막식

가을 하늘 아래 수놓은 아름다운 이름이여!
불러보거늘 전국 으뜸 서울 마포 경찰서 대통령 표창
피 땀 어린 봉사의 결실 굵직한 줄기마다
풍성하게 맺었구나
오늘의 영광 우리의 자랑 동판에 새겨두니
자랑이어라! 영광이어라! 마포경찰의 긍지

마포나루 옛 터전에 돛을 단 어언 63년 세월
세~찬 비바람과 강풍에도 굳건하게 지켜왔네
봉사와 질서의 보따리
국민 위해 흘린 땀 진주되어 동판에 새겨 두니
자랑스러운 마포경찰 영원 무궁하리!

우리의 희망 우리의 자존심
동판에 아로새긴 아름다운 이름이여!
빛을 발하라! 마포경찰의 표상이 되어라!
누비는 지역 곳곳마다 심금을 울려라!
주민의 만족이 행복의 미소를 낳을 때까지

자신감으로 가득 찬 가슴과 환한 얼굴
든든한 모습으로! 친절한 모습으로!
마포나루 언덕의 평화로움을
끝까지 끝까지 다져가리라!
지켜가리라!

조국의 등대지기

국운(國運)의 멍에를 지고
겨레의 뜨거운 심장(心腸)을 안고
밤을 낮 삼아 동무하며
선진한국(先進韓國) 국민행복(國民幸福) 씨앗 들고
길 떠나는 나그네

교태(嬌態)스러운 춘풍(春風) 유혹(誘惑) 마다하고
온갖 풍파(風波), 세파(世波), 고초(苦草) 겪으며
고뇌(苦惱)의 삶 허리춤에 차고
새벽형 몸풀이로 지친 육신(肉身) 달래며
부강(富强)의 길 걷는 나그네

가는 길 곳곳마다 뿌린 행복(幸福)
웃음꽃으로 피어나고
분주(奔走) 한 발길 돌부리에 발을 매며
하루해를 아쉬워하는 길가는 나그네
그대는 참 한국인(韓國人) 조국의 등대지기

남을 위해 산다는 것은

남을 위해 산다는 것은
고귀하고 값진 것
때로는 손해 보는 듯하고
말로 주고 되로 받는 기분도 들지만
아름다운 삶의 향기로 마음을 더해 주는 걸 보면
향기 없는 목련이 그다지 밉지 않다.

남을 위해 산다는 것은
아낌없이 나누어 주는 것
큰 것 주고 작은 것 나눌 줄 아는
아름다운 마음이 희망의 등불이 되는 걸 보면
자신을 태워 남에게 빛을 선사하는
촛불이 그다지 밉지 않다.

남을 위해 산다는 것은
사막의 오아시스 같은 것
갈증에 지친 나그네의 목젖에
아름다운 생명수로 삶을 소생하게 하는 걸 보면

타인을 위해 희생과 봉사로 얼룩진
피와 땀이 그다지 아깝지 않다.

일곱 줄 사랑

첫 번째 기타 줄엔 봉사와 질서를 켜고
두 번째 줄엔 마음 가득한 성실과 근면을 켜고
세 번째 줄엔 불의와 싸워 이길 수 있는 정의와 진실을 켜고
네 번째 줄엔 양심 가득한 신뢰와 공정의 줄을 켜봅니다.

다섯 번째 줄엔 검소와 청렴의 선율을
여섯 번째 줄엔 화합과 단결의 선율을
일곱 번째 줄엔 행복과 보람의 선율을 울려봅니다.

마지막 국민이 공감하고 감동할 때까지
일곱 색깔 아름다운 무지개 줄을 켭니다.

빨리 가면 안 돼 안전운전해야 돼
주저하지 마세요 112신고
노인 약자 보호 앞장서야 돼
초등학생 등굣길 안전보장해야 돼
파수꾼의 일 거수 일 투족이 참사랑 묻어나게
남부럽지 않은 긍지와 자부심으로
보람 있고 멋진 경찰 인생 되자고 노래합니다.

피세정념(避世靜念)

소양 강물이 굽이굽이 흐르는 언덕에서
암울했던 지난날의 아픈 추억 날리며
희망이란 큰 사랑을 나는 보았네.

내 마음의 어두운 불신의 그림자
고요한 외침 속에 유유히 흐르는
강물 따라 속죄하며 나는 흘려보냈네.

찌든 삶 텅 빈 낡은 호주머니에서
잊혀 가는 한 가닥 신앙의 옷자락
한 가슴 가득 나는 붙들었네.

우리에게 잊혀 가는 가장 소중한
사랑의 신비 가슴 깊이 파고드는 전율
감사와 회한의 눈물 난 지울 수가 없었네.

– 겟세마니 피정의 집 순례 중

알 것 같아요

당신의 눈을 보면
무엇을 바라보는지
알 것 같아요

당신의 귀를 보면
무엇을 듣고 있는지
알 것 같아요

당신의 입을 보면
무엇을 말 하는지
알 것 같아요

사색(思索)에 잠긴 당신을 보면
무엇을 고뇌(苦惱)하는지
알 것 같아요

너랑 나랑

바람이 불면 부는대로
주어진 삶에 감사하는
마음을 갖고 살자 너랑 나랑!

세상풍파에 시달려도
즐거웠던 때를 기억하며
늘 행복한 마음으로 살자 너랑 나랑!

가진 것 많이 없어도
많이 가진 것처럼 마음의 풍요를 느끼며
욕심부리지 말고 살자 너랑 나랑!

함께 가는 인생의 여정에서
서로에게 필요한 사람으로
오고 가는 정 쌓아 그리며 살자 너랑 나랑!

희망

새하얀 실비단 구름이
산천초목을 감싸 안으며
먼동을 향한 힘찬 기지개를 켠다.

만물의 소생과 더불어
대자연의 섭리 앞에 지상 나그네는
몸을 세워 분주한 날개를 편다.

하나, 둘, 희망의 징검다리를 건너
미지의 세계에 대한 동경 그리며
육신을 몸부림치며 공든 탑을 쌓아 간다.

어둠이 내릴 때까지!

그리움

작은 풀잎이 이슬을 머금고
미풍(微風)에 설레일 때
그대 향한 작은 그리움
상념(想念)에 잠겨 애증의 강에
작은 조각배를 띄운다.

그리움에 가슴 조이며
먼 길을 돌아온 지친 나그네
가슴 시린 작은 떨림으로
반가운 마음의 방석을 깐다.

그대는 또 다른 나
그대가 있어 행복했다.
그대가 있어 고맙다.
그대 그리움이 있는 한!

파수꾼

활화산처럼 타오르는
작열(灼熱) 하는 태양 아래
한 땀 한 땀 흘린 구슬
민중의 피가 되고 살이 되고
자유, 평등, 평화, 행복
찾아 도는 삶의 십자가
기꺼이 지고 가는 정의의 파수꾼

몸서리쳤던 간밤
기억되기도 전에
심중 깊이 내려앉는 사랑의 손길
소중히 간직하며 너털웃음 속
홀연히 길 떠나는 밤 지샌 나그네

그 길엔 한 줌의 사랑이 숨 쉰다.
멋진 인생 파수꾼이여!

바람부는 날

바람 부는 날이면 잔잔한 내 마음의 호수는
산언저리 일렁이는 나뭇잎새의 카드색션처럼
솟구치는 설레임 안고 푸른 초원에 마음을 맡긴다.

한 세월 모진 풍파 이리저리 헤쳐 가며
먼 길을 돌아 바람 따라 날아온 인생
바람 부는 언덕에서 쓰린 마음을 달래본다.

귀전에 살랑 스치우는 바람결 따라
둘 곳 없는 마음을 맡긴 채 위안 받은냥
가슴 한가득 뭉클하게 무심한 세월을 날려 보낸다.

사랑이라는 이름으로!

아침이 오면

아침이 오면 나는 그려봅니다.
밤새 그리웠던 어머님 얼굴을
나를 광명으로 이끌어 줄 싱그러운 아침 햇살을

아침이 오면 나는 생각합니다.
어떤 일을 보람되게 할 것인가를
남을 위해 무엇을 봉사할 것인가를

아침이 오면 나는 다짐합니다.
오늘 일을 내일로 미루지 않겠다고
후회 없는 하루의 삶을 살겠다고

아침이 오면 나는 기도합니다.
남부끄럽지 않게 사람답게 살게 해 달라고
행복하고 평화로운 세상이 되게 해 달라고

잃어버린 시간

잃어버린 시간을 찾기 위해
간밤 꿈길 속 허겁지겁 밤을 지새워가며
소복이 내려앉은 먼지를 털며
세월의 창고를 뒤져 보았다.
이곳저곳 뒤져 보았건만
그곳엔 아쉬움 가득한 흔적만이
나동그라져 남겨 있을 뿐이다.

스쳐 지나간 수많은 추억들이
허무하기가 이를 때 없다.
공허함과 허무함을 뒤로 한 채
조용히 눈 감고 상념에 잠겨 본다.

지금 이 순간이
내게 다시 올 수 없는 소중한 시간이라면
나는 더 이상 무엇을 망설이겠는가.
나를 존재하게 하는 그 모든 것에
감사하며 눈물겹도록 사랑하겠노라고!
잃어버린 시간은 내 생에 다시 오지 않기에!

삶의 굴레

겹겹이 아로새겨진 삶의 언저리
어둠에서 광명을 향한 영혼의 몸부림
고단한 육신은 영혼의 날개를 편다.

흩어진 조각 삶의 잔해들
희망의 조각 고뇌의 조각
하나 둘 꿰매보는 삶의 굴레

인생이라는 이름으로 머물다간
그 빈자리엔 아쉬움 가득한
세월만큼이나 이끼를 살찌게 했다.

내 마음의 정원

널따란 내 마음의 정원 뜨락
한가운데 꽃 길에 들어서면
즐겁고 기쁜 기운이 가득하다.

행복이라는 장구를 메고
꽃 길을 오가며 세상사 한시름 덜며
신바람 나게 춤사위를 펼쳐본다.

한 세월 기쁨 반 슬픔 반
삶의 무게에 짓눌렸던
고통의 시간이 봄 눈 녹듯이 사라진다.

그곳은 내 삶의 즐거움의 원천
내가 갈망하는 기쁘고 행복한 일들이
보석처럼 영롱하게 빛나고 있기 때문이다.

가고 싶은 길

가지 않은 길은 낯설다.
설레임과 동경이 교차한다.
어느 누구에게도 길의 유혹은
개척이고 도전이다.

삶의 언저리에서
나의 자화상을 바라본다.
지새온 세월만큼이나
가슴 한편 욕망의 둥지를 튼다.

광활하고 무한한
미지의 세계에 대한
거침없는 삶의 날갯짓으로
한가득 꿈을 안고 길을 나선다.

내가 가고 싶은 길을 가는 이유는
그곳은 나의 이상이요,
길이며 희망이요, 미래가 있는
어머니의 고향이기 때문이다.

삶의 물레방아

물레방아는 우리 삶의 이정표
시작과 마침을 연결하는 실크로드
척 쏴아 척 쏴아 새벽을 여는 힘찬 물레질
일상의 시작을 알리는 여명의 선봉장

노심초사 범상치 않은 일과 속
용기를 내어 줄을 선 일상의 대열
녹록지 않은 인생 여정 길
갈망하는 아름다운 추억의 삶

능력의 키를 재는 실적의 막대그래프
노력의 대가를 저울질하는 흘린 땀방울
에누리 없는 방황의 사슬 자투리 시간
내 삶을 열정으로 이끄는 물레방아

석양 빛 늘어진 나무 어깨에 걸쳐 앉을 때
하루를 마감하는 고단하고 지친 삶의 무게
은하수 향연에 위로받는 날개 단 천사
굽이굽이 돌고 돌아 새벽을 여는 물레방아

내 청춘 내 사랑

가슴을 태우던 사랑의 시절
세월은 덧없이 흘러가건만
어이해 내 님은 대답이 없는가
그리움 안고 살아온 인생길

가슴 시린 사랑에 젖어
못다 한 말 할 수가 없네
그립구나 아 - 아 내 청춘아

가슴을 파고든 추억의 시절
강물은 소리 없이 흘러가건만
어이해 내 님은 소식이 없는가
그리움 안고 살아온 인생길

가슴 시린 사랑에 젖어
못다 한 말 할 수가 없네
그립구나 아 - 아 내 사랑아

봄이 오는 길목에서

선잠 깬 새벽녘 달빛 사이로
하얀 소복(素服)의 미풍(微風)이
치맛자락 나부끼며
창가에 살포시 내려앉는다.
봄이 오려나 보다.

봄은 어둠의 긴 잠에서
삼라만상(森羅萬象) 대자연을 일깨우는
계절의 선봉장(先鋒長)이요
어머니 품속 같은 푸근한
정원이며 희망의 메시지다.

세월 강 저편 양지 녘엔
돋아나는 새 생명의 기지개 향연(饗宴)
봄꽃 동산 꽃향기에 취해
닫힌 마음의 문을 연다
봄이 오는 길목에서

웃으며 삽시다

어차피 사는 인생 웃고 삽시다.
세상살이 힘들다지만
힘든 나날 가슴속 묻어두며
웃으면서 살아가는 거야
동녘에서 서녘까지

한번 왔다 가는 인생 웃고 삽시다.
세상살이 힘들다지만
힘든 나날 웃음으로 날리우며
웃으면서 살아가는 거야
아침부터 저녁까지

오늘도 일소일소(一笑一少), 소문만복래
웃음꽃을 피워봅시다.
웃음꽃을 피워봅니다.

꿈길 사랑

꿈길 만길 너를 찾아 헤매 돌았다.
해가 떠도 달이 떠도 아른거리는
너의 모습 잊을 수가 잊을 수가 없구나

자나 깨나 너를 너를 그리워했다.
비가 와도 눈이 와도 생각이 나는
너의 얼굴 보고 싶어 참을 수가 없구나

무심한 세월은 애타는 이 심정 아는지 모르는지
가슴속을 까맣게 태워버린
아 잊지 못할 지울 수 없는 꿈길 사랑

그리운 사랑

취했나 봐 취했나 봐 사랑이 듬뿍
가슴 깊이 맺은 언약 내 마음 사로잡는데
헤어지기 아쉬운 마음 달랠 길 없네.
미운 정 고운 정도 사랑의 속삭임
잊을 수 없는 사랑의 마음 보고 싶은 이 마음
그 사랑 어이 잊으리 그 사랑 어이 잊으리.

열렸나봐 열렸나봐 사랑의 마음
정 주며 맹세하던 그 사랑 잡고 싶은데
보낼 수 없는 마음 애간장 녹네.
미운 정 고운 정도 사랑의 속삭임
잊을 수 없는 사랑의 마음 보고싶은 이 마음
그 사랑 어이 잊으리. 그 사랑 어이잊으리.

애절한 사랑

크고 작은 수많은 잔별들이 가득한 이 밤
젖어드는 그리움 잔별들을 친구 삼아
마음을 달래본다.
어차피 잊고 살아야 할 운명이라면
잊으련다. 잊으련다.
미련 없이 잊으며 살자.

사연 많은 밤하늘 잔별들이 수놓은 이 밤
밀려오는 그리움 잔별들을 위로 삼아
아픔을 달래본다.
어차피 함께 갈 수 없는 사랑이라면
떠나련다. 떠나련다.
후회 없이 떠나서 살자.

 야속한 세월 원망도 하지 못한 채
 애절한 마음 일기장에 쌓여만 가는데

함께 가는 길

자나 깨나 언제라도 함께 가는 길
가시밭길 만나면 위로도 하고 걱정도 하고
있는 정 없는 정 나누어 가며 그렇게 사는 거야

너와 내가 따로 없이 함께 가는 길
평탄한 길 만나면 미소도 짓고 웃어도 보고
고운 정 미운 정 나누어 가며 그렇게 사는 거야

멀지도 가깝지도 않은 행복을 찾아
우리 함께 가는 길 다 함께 가보세
다 함께 가보세 함께 가는 길

국화도 사랑

아득한 먼 옛이야기 가득 안고
해풍에 밀려오는 작은 그리움
매박섬을 맴돌다 국화도에 닿으면

솔 숲 사이 언덕 길목마다
곱게 핀 들국화 · 해당화 방긋 웃고
오는 손 마다않고 반겨주는 국화도

거센 풍랑 등을 받쳐 포근히 안아주며
가는 손 한가득 내어주는 바지락
정겨움 가득한 잊지 못할 국화도

사랑과 낭만이 서려 숨 쉬는 그곳
무화과 익어가는 가을 날 그리며
호젓한 마음을 달래 보는 사랑의 국화도

남은 인생

살아왔던 날 보다
살아갈 날이 많지 않기에
원망도 미움도 잊은 채
모든 것 내려놓고 살련다.
이젠 세찬 비바람이 가슴 때려도
내겐 소용없는 아픔인 걸

지난 세월 힘든 일
아픔으로 남지 않도록
서러움 아쉬움 잊은 채
모든 것 감싸안고 살련다.
이젠 거센 폭풍우가 가슴 덮쳐도
내게 후회 없는 슬픔인 걸

나의 남은 인생 사랑으로 채우리.
행복의 노래 부르리라.
사랑 노래 부르리라.

가을 예찬

청량한 가을 푸른 하늘 뭉게구름 둥실 뜨면
아침이슬 떨구며 기지개를 켜는 들꽃마다
방긋 인사 길나그네 발걸음을 멈춰 세우고
마음 한가득 옛 추억의 향수를 풍겨온다.

분주한 일상을 뒤로한 채 상념에 잠기면
실바람 타고 전해오는 아련한 옛이야기
하나 둘 꽃이 되어 마음속에 내려앉는
어머니 품속 같은 포근한 가을의 정취

정겨운 마음 두고 떨어지지 않는 발걸음
가을 정원 뜨락 길모퉁이 한 추억 남기며
온갖 시름 덜어내고 떠나가는 길나그네
가을을 노래하며 풍요로움 한 가슴 안고

국립 경찰

불철주야 밤낮 없는 경찰의 길
생명에 숨을 불어 넣는 산소통
칠흑같이 어두운 밤바다의 등대
길 잃어 헤매 도는 나그네의 나침판
누가 이들의 노고를 헛되다 하리오

국민의 생명과 재산을 지키기 위해
봉사와 질서의 양대 산맥을 넘나들며
불의에 굴하지 않는 불멸의 파수꾼
쌓여만 가는 국민 신뢰의 계단에는
묵묵히 소임을 다하는 국립경찰이 있다.

낮은 자세로 귀 기울인 국민의 목소리
사막의 오아시스 생명의 물이 되어
새 희망의 끈 이어주는 든든한 치안 지킴이
우리는 안다. 그들의 노고가 얼마나 소중한지를
자랑스럽다. 명품 국립경찰, 파이팅을 외쳐본다!!!

월드의 향(香)

한시름 덜고 눈을 크게 떠 보자
새터산 기슭에 터 잡아 지세 온 세월
민초(民草)의 땀 방울이 눈가에 맺힌다.

한결같은 친절봉사 지킴이
심중(心中)에서 우러나는 주민사랑
주민의 품속에 신뢰의 싹을 틔운다.

불철주야 따뜻한 전천 후 돌보미
골목마다 피어나는 월드 풀 향기
월드컵 지구대의 자랑이어라.

가슴 뭉클하게 타오르는
밤낮 없는 정열의 민초(民草)의 꽃
그칠 줄 모르는 월드의 향(香)

삶의 길목

강 건너 당인리 발전소가 보인다.
매일 오고 가는 출퇴근 길목
출근길에 힘찬 동력을 얻고
퇴근길엔 한 아름 보람을 안고 간다.

각박한 세상의 삶의 소리를 들으며
인생 나그네의 분주한 몸 놀림
내 마음속 발전소는 어디인지
나 자신에게 질문을 던져본다.

당인리 발전소 굴뚝 위로 솟아오르는
하얀 뭉게구름을 위안 삼아
물음에 대한 답을 얻기 위해
묵묵히 철길을 가르며 강을 넘나든다.

내 마음의 발전소는 긍정의 힘
모든 것 내려놓고 너털 웃음 지으며
잠깐 쉬어가는 인생 나루터
삶의 길목에서 상념에 잠겨본다.

메타세쿼이아 숲길

메타세쿼이아의 꽃말은 영원한 친구
남을 위한 삶의 꽃말을 가진 낙엽송
그대를 위한 삶의 꽃말을 가진 삼나무
생명의 숲을 지키는 힐링의 비밀정원

힘들고 고단한 인생길 지쳐 있을 때
메타세쿼이아는 우리 삶의 가운데 묵묵히 자라
올곧음과 강직함을 간직한 채 질서정연한 자태로
찾는 이의 발걸음을 머물게 하는 메타세쿼이아 숲길

하늘을 향해 곧게 뻗은 메타세쿼이아 숲
그 길에 가면 나도 모르게 영화 속의 주인공 되어
가족끼리, 연인끼리, 친구끼리 함께 걷는 길
그 길에는 사랑이 있고 행복이 살아 숨 쉰다.

망원경(망원경찰)

왁작거리던 세상에 어둠이 밀려오면
분주한 일상의 시작과 함께 렌즈를 연다.
오라는 곳도 많고 가야 할 곳도 많다.

주민의 삶 어두운 사각지대를
보이는 곳에서 보이지 않는 곳까지
서슴없이 달려가는 파수꾼 망원경(망원 경찰)

어둠을 밝혀주는 밤바다의 등대요,
갈 곳 몰라 헤매도는 나그네의 북극성이며,
생명이 샘솟는 사막의 오아시스다.

주민 애환 보듬어 안아주는 안전 돌보미
그대가 있어 어두운 밤 든든하고 행복했다.
주민의 영원한 친구! 망원경(망원 경찰)!!!

동틀 무렵

나의 닉네임은 동틀 무렵
저마다 희망의 닉네임을 이정표 삼아
어둠을 헤치며 새벽을 연다.

새벽은 고요의 침묵을 깨는 무거운 망치질
그 틈새로 새벽 공기, 아침이슬이
하루 한 생명의 숨을 내어 준다.

길손마다 가슴 한켠에 사연을 담아
분주한 삶의 의지를 불태우며
어디론가 쏜살같이 길을 재촉하는 새벽

그렇게 새벽은 버거운 우리 삶에
희망의 메시지요
사랑의 종소리이다.

그런 새벽이 나는 마냥 좋다.
힘을 더하여 새벽을 여는 사람들이
곁에 있어 든든하고 행복하다.

망원정(희우정)

한강이 내려다보이는 언덕
유유히 강물 따라 흘러가는
옛 성현들의 아련한 발자취
망원정에 고요히 내려앉는다.

풍류를 즐기던 시인들은 어디 가고
귓전을 맴도는 한 줄기 바람결이
옛 그리워 찾는 나그네의 마음에
한 구절 시조가 애달픔을 달래준다.

터 잡아 외로움을 달래주며
님 사랑 그리던 먼 길 떠난 철새도
옛 추억의 숨결을 간직한 채
님 향기 맡으며 다시 찾는 망원정

치안센터 지킴이

민초의 아궁이 불 지펴 언 가슴 녹이고
오가는 사람 따스하게 반겨 맞으며
올 때의 근심 걱정 기쁨으로 환송하는
만인의 안전 쉼터 치안센터 지킴이

주민 안전 갈망하며 지새온 지킴이
믿음의 옹벽으로 굳건하게 다져가며
친절봉사 실타래로 주민 애환 풀어헤쳐
주민의 얼룩진 삶 봄 눈 녹듯 사라졌네

가야 할 길 험난한 길 많고 많아도
인내하며 지켜온 주민과 함께한 오직 한길
정의와 공정이 살아 숨 쉬는 지역민의 다정한 벗
지킴이 가슴속엔 뜨거운 정열이 살아 숨 쉰다.

새벽을 여는 사람들

새벽을 여는 사람들은
저마다 총총걸음
한결같이 분주하다.

다람쥐 쳇바퀴 같은 삶의 굴레에서
마지막 몸부림인지도 모를
그 대열에 내가 서 있다.

그 길에는 희망이 있고, 미래가 있고,
가족이 있고, 사랑이 있기에
어머니 품속처럼 마음 따뜻하다.

언제나 그랬듯이 오늘도 나는
이름 모를 인간미 넘치는 향내를 맡으며
힘찬 발걸음을 옮긴다.

봄

살랑거리는 봄바람이 겨울잠을 깨우면
잠에서 깬 만물상들이 기지개를 켜고
봄의 교향악이 한 곡조 울려 퍼지면
소생을 향한 만물상들이 몸부림을 친다.

씨 뿌림을 준비하는 농부의 손길도
물소리에 놀라 움을 틔우는 버들가지도
긴 겨울잠에서 깨어난 개구리도
봄의 대열에 줄을 서며 희망을 연다.

봄이 오면 파릇파릇 새 생명이 돋고
저마다 생명을 키우기 위한 힘찬 발돋움
봄날 양지녘에선 향연의 축제가 한창
봄은 우주 만물의 사랑의 선물이기 때문!!!

백합꽃 길에서

어둠에서 광명의 빛을 보기 위해
모든 만물이 잠에서 깨어 꿈틀거린다.
이슬 머금은 풀잎, 어둠을 털고 있는 나뭇잎
저마다 역동적인 대자연의 하루가 시작된다.

밤새 어둠을 밝혀주던 백합꽃이 기지개를 편다.
순결함과 변함없는 사랑의 꽃말 백합
백합꽃을 보기 위해 새벽 공기를 가르며
내 생애 최고의 선물, 나의 아내와 길을 나선다.

묵묵히 한세월 고진감래하며 살아온
삶에 지친 아내를 위로하듯 제각기 나팔을 열고
백합꽃들이 향내음을 둘레길에 품어 낸다.
길 나그네 잠시 머물러 추억의 셔터를 누른다.

아내와 함께 걷는 이 길이 나의 삶에 있어
기쁠 때나 슬플 때나 성할 때나 아플 때나
늘 함께하며 사랑의 끈을 놓지 않는 마음으로
백합꽃처럼 영원히 변치 않는 사랑으로 남고 싶다.

나침반

헤매도는 길 잃은 나그네
남·북극 지남철(指南鐵)에 달라붙어
생면부지 목숨 건 마지막 혈투(血鬪)
애 간장 녹는 인생길 모퉁이

끝없는 방랑의 길목에서
긴 한숨 내 뱉는 외로운 절규(絕叫)
반기는 이 없고 찾아갈 길 없는
나그네의 눈가에 눈물 적시어 오는데

하염없이 길 떠나는 인생 여정(人生旅程)에
손 내밀어 희망의 끈 이어 주며
역경(逆境)의 삶 심장 끌어안아 주는
보석처럼 빛나는 나침반(羅針盤)

새벽의 찬가

지구를 몇 바퀴 돌다 온 실바람이
새벽녘 꽃잠을 흔들어 깨운다.

고요 속에 잠자던 시냇물도 소리를 더하고
날이 밝아 옴을 알리는 산새 소리가 정신을 맑게 한다.

아침이슬 듬뿍 먹은 안개꽃이
아침 인사를 건넨다.

뒤이은 영롱한 아침햇살 가득 받은
나팔꽃이 인사를 한다.

늦잠에서 깨어난 해바라기가
방긋 웃으며 일상의 대열에 합류한다.

대자연의 섭리가 빚어내는
새벽을 여는 분주한 일상의 시작이다.

나는 행복하다.
나의 살아 있음을 느끼게 해주는 실바람, 산새,
나팔꽃, 해바라기 친구들이 있어 마냥 좋다.

나의 삶 나의 노래

속세의 인연 비켜선 순수한 열정의 삶
희망 찾아 헤메이던 눈물겨운 삶
인생 역경 버티어 낸 고난의 삶
나의 삶 나의 노래를 부르고 싶다.

악기가 없어도 악보가 없어도
소리 없이 흘러나오는 나의 삶의 노래
누군가 들어주는 이 알아주는 이 없어도
나의 삶과 노래는 가슴에서 우러나는 향기다.

유유히 흘러가는 한줄기 흐르는 강물처럼
미풍에 흰옷자락 흩날리며 다가오는 천사처럼
뭉게구름에 마음 가득 실어 두둥실 떠가며
푸른 하늘 수놓으며 삶의 노래를 부르고 싶다.

미련 없이 후회 없이 살아온 삶
삶 따라 노래 따라 흘러온 인생길
이정표 없이 나침판 없이 달려왔던
시작도 없고 끝도 없는 나의 삶 나의 노래!!!

솔뫼성지

한국 가톨릭 신앙의 요람
솔뫼 언덕에 주춧돌 놓아
신앙의 터전 일구어 내신
성 김대건 안드레아 신부님

세월 가도 영혼은
우리 가슴에 남아
내포의 해풍을 타고
솔 가지 사이로 스며드네

줄이어 방문하는 순례객
신앙의 소중함 일깨우며
순교의 삶 마음 깊이 새겨
복음의 꽃을 피우네

매듭 푸는 성모 신심으로
울려 퍼지는 신앙의 신비
마음 가득 채운 거룩한 순교의 삶
식지 않는 열정으로 영원토록 현양하리

가을날에

노오랗게 쌓여만 가는 가로수 은행잎
붉게 타오르는 형형색색 단풍잎
내 마음을 노랗고 붉게 물들인다.

실바람 타고 깃전을 스치우는 작은 추억들
밀려오는 심오한 마음 달래 보는 가을날에
내 마음은 어느덧 시인이 되어 있다.

보고 싶고 그리워도 그립다 말 못 하고
일기장에 적어 둔 가슴앓이 하던 지난 세월
쌓여진 추억의 먼지를 훌훌 털어

새파란 하늘 허공에 드리운 작은 추억
두둥실 떠가는 뭉게구름에 가득 실어
사색을 떠나는 추억의 그리움
이 가을 날에!!!

해와 달과 별

내 마음에 해가 떠오르면
나는 어둠 속에서 방황하는
길 잃어 헤매도는 나그네의 설움을
빛이 되어 밝혀주고 싶습니다.

내 마음에 달이 떠오르면
달맞이 나가 옛 추억을 떠올리며
소원했던 친구들과 가슴속에 묻어 둔
이야기꽃을 피워보고 싶습니다.

 내 마음의 별이 떠오르면
불현듯 생각나는 그리운 사람에게
가슴 터질듯한 보고픈 마음을
편지글에 담아 전해주고 싶습니다.

내 마음에 해와 달과 별이 떠오르면
길 나그네, 옛 친구, 그리운 사람 불러
은하수 펼쳐진 푸른 창공 아래 밤새도록
세상 사는 이야기꽃을 피워보고 싶습니다.

해바라기 꽃 사진

사무실, 식당 한켠에 걸려 있는
해바라기 꽃 사진 하나
무슨 사연을 담았을까

해바라기 꽃말은
기쁨, 행복, 불멸, 장수의 상징
분명 예사롭지 않은 꽃

2미터가 넘는 훤칠한 키
자존심 간직한 기골의 장대함
해맑은 웃음으로 기쁨 주는 꽃

따스한 해찬들 바람에
해바라기 꽃을 보노라면
내 마음은 해바라기 꽃 동산

야유회

마음의 평온을 위해 찾은
강변 어귀 난지공원 캠핑장
길목마다 반겨주는 들꽃

힘든 세상 짐 타래 풀어 놓고
마주 앉은 좋은 벗님
술잔 채워 담소하는 정겨움

이래도 한 세상 저래도 한 세상
강물 흐르듯이 지나가는 것이
우리네 인생인 것을

원망도 미움도 모두 떨쳐버리고
새 희망 마음 가득 힘찬 기운으로
함께 가는 인생 즐겁게 살다 가세

김정훈 작가
프로필

김정훈(金正勳)

출생

1963. 8. 24.   전북 진안출생 (7남2녀중 장남)

주요학력

1969. 3. – 1975. 2.   마령국민학교 졸업(53회)

1975. 3. – 1978. 2.   마령중학교 졸업(24회)

1978. 3. – 1981. 2.   마령고등학교 졸업(7회)

1982. 3. – 1989. 12. 한국방송통신대학교 초등교육학과(4년수료)

1990. 3. – 1994. 2.   한국방송통신대학교 법학과 졸업(법학사)

군생활
1984.11. - 1987.5.　　육군 보병 21사단 (하사 만기전역)

주요경력
1981. 3. - 12. 1988. 3. - 12. 양봉업 종사
1982. 3. - 1983. 12.　양계업 종사
1984. 3. - 11. 1988. 3 - 1989. 8. 치산녹화사업소 보조근무
1989. 12.　경찰공무원 임용(일반공채 20기)
　　　　　　서울지방경찰청, 영등포서, 마포서 근무
2024.12.　경찰공무원 정년퇴임(35년 근무)

나의 좌우명
대인춘풍 지기추상(待人春風 持己秋霜)
남을 대할때는 봄바람과 같이 부드럽게 하고,
자신을 대할때에는 가을서리처럼 엄격해야 한다.

취미활동
문학(시쓰기), 등산, 마라톤, 걷기, 탁구, 골프,
악기연주(아코디언), 천렵,

주요상훈
2005. 6.　모범공무원 표창(국무총리)

해돋이 에서
해넘이 까지

인쇄일	1판 1쇄 2025년 2월 11일
발행일	2025년 2월 17일
글	김정훈
편집·인쇄	3빛
발행인	최삼주
발행처	예서원
	서울시 종로구 인사동5길 25 하나로빌딩 B1. 21호
	Tel. 02-2272-7188 Fax. 02-2272-6383
발행번호	제2020-000121호

이 책에 게재된 모든 자료는 저자의 사전 동의 없이는 전재 또는 복사를 금합니다.
잘못된 책은 구입하신 서점에서 바꾸어 드립니다.

정가 20,000원

ⓒ Copyright 2025 김정훈
Printed in Korea
ISBN 978-89-88117-43-9